民國歷史與文化研究

十五編

第 9 冊

侵華日本陸海軍全檔（下）

黃力民 著

花木蘭文化事業有限公司

國家圖書館出版品預行編目資料

侵華日本陸海軍全檔（下）／黃力民 著 -- 初版 -- 新北市：
花木蘭文化事業有限公司，2022〔民111〕
目 6+174 面；19×26 公分
（民國歷史與文化研究 十五編；第 9 冊）
ISBN 978-986-518-928-0（精裝）
1.CST：中日戰爭 2.CST：軍事史 3.CST：日本
628.08 111009775

ISBN-978-986-518-928-0

民國歷史與文化研究
十五編 第 九 冊 ISBN：978-986-518-928-0

侵華日本陸海軍全檔（下）

作　　　者　黃力民
總 編 輯　杜潔祥
副總編輯　楊嘉樂
編輯主任　許郁翎
編　　　輯　張雅淋、潘玟靜、劉子瑄　美術編輯　陳逸婷
出　　　版　花木蘭文化事業有限公司
發 行 人　高小娟
聯絡地址　235　新北市中和區中安街七二號十三樓
　　　　　　電話：02-2923-1455／傳真：02-2923-1452
網　　　址　http://www.huamulan.tw 信箱 service@huamulans.com
印　　　刷　普羅文化出版廣告事業
初　　　版　2022 年 9 月
定　　　價　十五編 14 冊（精裝）新台幣 42,000 元
版權所有・請勿翻印

侵華日本陸海軍全檔（下）

黃力民　著

目

次

第 14 章　侵華日本海軍部隊

二戰期間日本海軍部隊組織層次是：

聯合艦隊（司令長官大將）——方面艦隊、鎮守府（司令長官中將）——艦隊、航空艦隊、遣華艦隊、南遣艦隊、警備府（司令長官中將）——戰隊、航空戰隊、水雷戰隊、潛水戰隊、根據地隊、聯合陸戰隊、聯合航空隊、海兵團（司令官中將、少將）——驅逐隊、水雷隊／艇隊、潛水隊、驅潛隊、掃海隊、海防隊、炮艦隊、航空隊、陸戰隊、警備隊、突擊隊、設營隊（司令少將以下）。

東三省日本海軍

1894 年 11 月甲午戰爭期間日軍攻佔旅順，12 月成立日本海軍旅順口根據地隊，「三國干涉還遼」後廢止。

1905 年 1 月日俄戰爭日軍再攻佔旅順，設海軍旅順口鎮守府，1906 年改稱旅順鎮守府。1914 年改為旅順要港部，受佐世保鎮守府指揮。1922 年降格為旅順防備隊。

1927 年 5 月日本海軍組建第 2 遣外艦隊，擔任中國北部海域警戒。九一八事變期間擔任支持作戰，轄旗艦球磨號輕巡洋艦，第 16 驅逐隊刈萱號、芙蓉號、朝顏號驅逐艦等。

1933 年 4 月第 2 遣外艦隊撤銷，同時恢復旅順要港部，歷任司令津田靜枝、枝原百合一、浜田吉治郎、和田秀穗、前田政一、佐藤市郎、細萱戊子郎、小松輝久、浮田秀彥。

1941 年 12 月旅順要港部改制為旅順警備府，司令浮田秀彥。1942 年 1

月降格為旅順方面根據地隊，編入（釜山）鎮海警備府序列，司令中村重一、原顯三郎、山口儀三郎、小林謙五。終戰時官兵約 2000。

上海海軍陸戰隊

日本海軍上海特別陸戰隊與中國駐屯軍、關東軍同為中國大陸上的日本侵略軍瘡疤（參見第 2 章）。

1928 年後常駐上海公共租界的上海陸戰隊官兵 672 人，裝備 80 毫米、50 毫米野炮、裝甲車 9 輛。九一八事變前夕日軍三次增援，陸戰隊官兵達到 3126 人。1931 年 11 月第 1 遣外艦隊附鮫島具重大佐接任上海陸戰隊指揮官，次年 1 月 28 日爆發第一次淞滬作戰，上海陸戰隊編入新組建的第 3 艦隊（Ⅳ）序列。2 月 4 日改由第 3 艦隊附、少將植松煉磨（海兵 33）指揮上海陸戰隊，鮫島具重降為參謀長。

5 月 5 日《上海停戰協定》簽字。根據新的《海軍特別陸戰隊令》6 月 1 日正式成立上海海軍特別陸戰隊，植松煉磨為首任司令官，其後歷任司令官是杉坂悌二郎（1932.6.6）、宇野積藏（1933.11）、荒木貞亮（1934.11）、近藤英次郎（1935.12）、大川內傳七（1936.11）、宍戶好信（1938.4）、武田盛治（1939.11）、牧田覺三郎（1941.9）、大野一郎（1942.2）、畠山耕一郎（1943.6）、鈴木長藏（1944.3）、勝野實（1944.8）。

1928 年上海陸戰隊成立之初即籌劃購地準備長駐。從法理上說，日軍上海陸戰隊只能算是公共租界當局的雇傭軍，1932 年《上海停戰協定》稱「日本軍隊撤退至公共租界，即虹口方面之越界築路⋯⋯」，無異於默認上海陸戰隊的正式地位。1933 年，位於北四川路、東江灣路的日本上海海軍特別陸戰隊兵營建成，佔地 6130 平方米。

日本軍語稱陸戰隊為 Naval Land Squadron 而非歐美的 Marine Corps，陸戰隊司令大佐或以下，建制兵力只相當於陸軍一個步兵大隊或稍多，但上海特別陸戰隊是一個例外，是日本海軍唯一的常設陸戰隊，歷任司令官為少將或中將軍銜。上海特別陸戰隊平時編制以兩個步兵大隊為基幹，官兵 2000 多人，包括駐漢口日本租界分遣隊 300 人。七七事變後派吳二特、佐世保一特 1000 人，以及出雲號裝甲巡洋艦等艦船陸戰隊 1500 人加入上海特別陸戰隊，達到 5000 人規模。8 月 9 日上海特別陸戰隊第 1 中隊長大山勇夫中尉在虹橋機場蓄意挑釁被擊斃，上海特別陸戰隊再成為第二次淞滬大戰發難者。

1941 年 9 月～1944 年 8 月期間，上海海軍特別陸戰隊與上海方面特別根據地隊司令官相互兼任。

1932 年淞滬作戰時的日本海軍

日俄戰爭後日本海軍即有專門艦艇部隊常年巡弋中國海域、水域，九一八事變時是第 1、2 遣外艦隊。1932 年淞滬作戰發難者為上海陸戰隊、第 1 遣外艦隊。第 1 遣外艦隊時任司令鹽澤幸一少將，下轄天龍號輕巡洋艦，常磐號裝甲巡洋艦，安宅（旗艦）、宇治、熱海、二見、保津、比良、隅田、伏見、鳥羽、勢多、堅田號炮艦，以及第 24 驅逐隊桃、樫、檜、柳 4 艘舊二等驅逐艦。1 月 28 日大戰爆發後泊於吳淞口的第 15 驅逐隊驅逐艦 4 艘、水上機母艦能登呂號（載 14 式水上偵察機 6 架）編入第 1 遣外艦隊。

2 月 2 日編成第 3 艦隊Ⅳ，野村吉三郎中將任司令。第 3 艦隊序列：

旗艦出雲號裝甲巡洋艦；

上海陸戰隊；

第 1 遣外艦隊；

第 2 遣外艦隊（華北），轄球磨號輕巡洋艦，八雲號裝甲巡洋艦，第 13、16 驅逐隊；

第 3 戰隊，轄那珂、阿武隈、由良號輕巡洋艦；

第 1 水雷戰隊，轄夕張號輕巡洋艦，第 22、23、30 驅逐隊驅逐艦 12 艘（注：日本海軍術語「水雷兵裝」包括「魚雷」、「爆雷」、「機雷」，分別對應中文的「魚雷」、「深水炸彈」、「水雷」，水雷戰隊就是以輕巡洋艦為旗艦的驅逐艦編隊）；

第 1 航空戰隊，轄加賀、鳳翔號航母，第 2 驅逐隊驅逐艦 4 艘；

直轄能登呂號水上機母艦，第 13、15、26 驅逐隊驅逐艦 12 艘。

加賀、鳳翔號航母搭載 13 式艦上攻擊機、3 式艦上戰鬥機參與空戰與對地攻擊，是史上航空母艦首次實戰記錄。

七七事變前夕日本海軍對中國的包圍態勢

1933 年 5 月日本海軍第 3 艦隊Ⅳ下屬第 1、2 遣外艦隊分別改為第 11、10 戰隊。第 3 艦隊擔任對中國沿海警戒，直至至七七事變前夕。

第 3 艦隊旗艦出雲號裝甲巡洋艦，以上海為基地，下轄第 10、11 戰隊，第 5 水雷戰隊，上海海軍特別陸戰隊。

第 10 戰隊轄天龍、龍田號輕巡洋艦，以青島、旅順為基地，擔任長江以北海域長江以北海域警備。

第 11 戰隊旗艦安宅號炮艦，轄河用炮艦宇治、伏見、鳥羽、堅田、比良、保津、勢多、熱海、二見號，二等樅級驅逐艦栗、栂、蓮號擔任長江水域警備，主要駐地上海、南京、九江、漢口、長沙、宜昌、重慶。

第 5 水雷戰隊旗艦夕張號輕巡洋艦，下屬第 13、16 驅逐隊 6 艘二等驅逐艦，擔任長江以南海域警備，主要駐地福州、廈門、汕頭、廣州。

上海海軍特別陸戰隊兵力 2200，擔任上海公共租界與吳淞地面警備，派遣隊 300 人擔任漢口日本租界警備。

1937 年 8 月 13 日開戰前夕，長江水域與漢口所有艦艇、兵員都已集結於上海，第 3 艦隊就是淞滬作戰初期日軍基本兵力，並有旅順要港部下屬第 14 驅逐隊 3 艘二等驅逐艦、馬公要港部下屬第 5 驅逐隊 3 艘一等驅逐艦支持。

中國方面艦隊

全面侵華戰爭期間日本海軍部隊組織：

中國方面艦隊——第 3 艦隊／第 1 遣華艦隊、第 4 艦隊／第 3 遣華艦隊、第 5 艦隊／第 2 遣華艦隊、海南警備府——戰隊、水雷戰隊、航空戰隊、根據地地隊、上海陸戰隊——驅逐隊、航空隊、陸戰隊、警備隊等。

1937 年淞滬作戰規模持續擴大時，日本陸海軍一再增派兵力，當年 10 月組建日本海軍第一個方面艦隊——中國方面艦隊，司令部於 11 月進駐上海，歷任司令長谷川清（1937.10）、及川古志郎（1938.4）、島田繁太郎（1940.5）、古賀峰一（1941.9）、吉田善吾（1942.11）、近藤信竹（1943.12）、福田良三（1945.5），歷任參謀長杉山六藏（1937.10）、草鹿任一（1938.4）、井上成美（1939.10）、大川內傳七（1940.10）、田結穰（1942.3）、宇垣完爾（1943.9）、左近允尚正（1944.12）。第 3、4、5 艦隊先後編入中國方面艦隊序列（注：太平洋戰爭時期的第 3～5 艦隊是該番號的再次使用）。

1939 年日軍攻佔海南島後，日軍大型作戰艦艇相繼全部調出，中國方面艦隊下屬部隊整編為以岸上兵力為主，分別擔任華東海域與長江水域、華南海域、華北海域、海南島的駐防部隊，即第 1～3 遣華艦隊與海南警備府，司令部分駐漢口、廣州、青島、三亞。太平洋戰爭期間第 1、3 遣華艦隊撤銷，

第 2 遣華艦隊移駐香港。

　1. 1937 年 12 月 1 日中國方面艦隊序列

　第 3 艦隊——

　直屬出雲號裝甲巡洋艦；

　第 10 戰隊天龍、龍田號輕巡洋艦；

　第 11 戰隊安宅號炮艦，鳥羽、勢多、比良、保津、堅田、熱海、二見號河用炮艦，栗、栂、蓮號樅型驅逐艦；

　第 4 水雷戰隊木曾號輕巡洋艦，第 6 驅逐隊響、雷、電號驅逐艦，第 10 驅逐隊狹霧、漣、曉號驅逐艦，第 1 水雷隊鴻、鵯、隼、鵲號水雷艇；

　第 1 聯合航空隊；

　第 2 聯合航空隊；

　上海海軍特別陸戰隊；

　第 1 根據地隊；

　第 3 航空戰隊神威號水上機母艦，香久丸、神川丸特設水上機母艦。

　第 4 艦隊——

　直屬足柄號重巡洋艦、嚴島號敷設艦，第 15 驅逐隊萩、藤、薄、蔦號驅逐艦；

　第 9 戰隊妙高號重巡洋艦、長良號輕巡洋艦；

　第 5 水雷戰隊夕張號輕巡洋艦，第 3 驅逐隊汐風、島風、帆風號驅逐艦，第 16 驅逐隊朝顏、夕顏、芙蓉、刈萱號驅逐艦，第 23 驅逐隊菊月、三日月、望月、夕月號驅逐艦；

　第 3 潛水戰隊球磨號輕巡洋艦，第 9 潛水隊伊 23、伊 24 號潛水艦，第 13 潛水隊伊 21、伊 22 號潛水艦；

　第 4 航空戰隊能登呂號水上機母艦，衣笠丸特設水上機母艦。

　2. 1941 年 12 月 10 日中國方面艦隊序列

　第 1 遣華艦隊——

　直屬宇治、安宅號炮艦，勢多、堅田、比良、保津、熱海、二見、伏見、隅田號河用炮艦；

　漢口方面特別根據地隊轄九江基地隊。

　第 2 遣華艦隊——

　第 15 戰隊五十鈴號輕巡洋艦，嵯峨、橋立號炮艦，鵯、鵲號水雷艇，第

4 掃海隊；

　　廣東方面特別根據地隊；

　　廈門方面特別根據地隊。

　　第 3 遣華艦隊——

　　直屬磐手號裝甲巡洋艦，第 11 水雷隊雉、雁號水雷艇；

　　青島方面特別根據地隊轄首里丸特設水雷母艦。

　　海南警備府——

　　直屬第 1 水雷隊鴻、隼號水雷艇；

　　直屬橫 4 特、舞 1 特、佐 8 特，第 15、16 警備隊，海南通信隊。

　　中國方面艦隊直屬上海方面根據地隊——

　　鳥羽號河用炮艦，栗、栂、蓮號舊樅型驅逐艦，日本海丸特設水雷母艦，第 13、14 炮艦隊，第 1、2 炮艇隊，舟山島警備隊，南京警備隊，上海港務部。

　　中國方面艦隊直屬上海海軍特別陸戰隊。

　　中國方面艦隊直屬出雲號裝甲巡洋艦、牟婁丸特設病院船、白沙號特設測量艦。

　　3. 1945 年 6 月 1 日中國方面艦隊序列

　　第 2 遣華艦隊——

　　直屬舞子號河用炮艦、初雁號水雷艇，第 102 號掃海艇；

　　香港方面特別根據地隊；

　　廈門方面特別根據地隊。

　　海南警備府——

　　直屬橫 4 特、舞 1 特、佐 8 特，第 15、16 警備隊；

　　海南海軍施設部、第 1 海軍施設部。

　　中國方面艦隊直屬上海海軍特別陸戰隊。

　　中國方面艦隊直屬上海方面特別根據地隊，轄安宅、宇治、興津號炮艦，鳥羽號河用炮艦，栗、蓮樅型驅逐艦，舟山島警備隊，南京警備隊，上海港務部。

　　中國方面艦隊直屬揚子江方面特別根據地隊轄第 21、23、24 炮艦隊，九江警備隊。

　　中國方面艦隊直屬青島方面特別根據地隊。

中國方面艦隊直屬第 324、3213 設營隊。

中國方面艦隊直屬華中海軍航空隊。

4. 終戰時中國方面艦隊兵員與艦艇

日本戰敗投降時中國方面艦隊官兵 6.4 萬，100 噸以上作戰艦艇有：鳥羽、安宅、勢多、熱海、二見、隅田、宇治、興津、舞子、多多良、鳴海號炮艦，栗、蓮號樅型驅逐艦，滿珠號海防艦，初雁號水雷艇，最大的宇治號標準排水量 994 噸。

遣華艦隊與根據地隊

海軍根據地隊相當於陸軍的師團級別。根據地隊是隨艦艇出征時設置的前進基地，擔當特定地域的警備和後方支持任務，根據地隊下轄陸戰隊、警備隊擔任陸上作戰，還有小型艦艇編隊與少量岸基航空兵，設置負責過往艦艇岸勤的機構。

1. 第 3 艦隊／第 1 遣華艦隊

七七事變爆發時，日本海軍長期擔任對中國警戒的第 3 艦隊Ⅳ主力迅即從臺灣南部演習海域移防前沿，8 月 13 日淞滬大戰爆發時出雲號裝甲巡洋艦為旗艦，指揮現地陸海軍，直至 8 月 23 日陸軍第 11 師團在川沙登陸、第 3 師團在吳淞登陸。10 月成立中國方面艦隊時，第 3 艦隊司令長谷川清（1936.12）、及川古志郎（1938.4）兼任中國方面艦隊司令，第 3 艦隊參謀長兼任中國方面艦隊參謀長杉山六藏（1936.11）、草鹿任一（1938.4）、井上成美（1939.10～1939.11）。

日軍攻佔上海後，第 3 艦隊組建第 1 根據地隊Ⅰ駐防，司令園田滋、伍賀啟次郎（1938.12）。1939 年 11 月改編為上海方面特別根據地隊，司令樋口修一郎、小林仁（1940.11）、平岡粂一（1941.5）、牧田覺三郎（1941.9）、大野一郎（1942.2）、畠山耕一郎（1943.6）、鈴木長藏（1944.3）、森德治（1944.8）。

1939 年 11 月第 3 艦隊改稱第 1 遣華艦隊，擔任華東與長江沿線作戰與駐防，初轄第 8、10、11 戰隊，第 1、4 水雷戰隊，第 1、2 聯合航空隊，第 3 航空戰隊，上海特別陸戰隊，上海方面特別根據地隊等。第 1 遣華艦隊歷任司令谷本馬太郎（1939.11）、細萱戊子郎（1940.11）、小松輝久（1941.7）、牧田覺三郎（1942.2）、遠藤喜一（1943.3～1943.8），歷任參謀長堀內茂禮、一瀨信一（1940.10）、小暮軍治（1942.7～1943.8）。

第 1 遣華艦隊所轄第 4 防備隊 1939 年 11 月改建為漢口方面特別根據地隊，司令小林仁、松永次郎、一瀨信一，1942 年 1 月降格為漢口警備隊。

1943 年 8 月第 1 遣華艦隊撤銷、降格為揚子江方面特別根據地隊（下轄九江警備隊），直屬中國方面艦隊，歷任司令大野一郎、畠山耕一郎、澤田虎夫。

2. 上海方面特別根據地隊

日軍攻佔上海後 1937 年 12 月組建第 1 根據地隊 I，司令園田滋、伍賀啟次郎（1938.12）。1939 年 11 月改編為上海方面特別根據地隊（下轄南京警備隊、舟山島警備隊），司令樋口修一郎、小林仁（1940.11）、平岡粂一（1941.5）、牧田覺三郎（1941.9）、大野一郎（1942.2）、畠山耕一郎（1943.6）、鈴木長藏（1944.3）、森德治（1944.8）。1941 年 9 月～1944 年 8 月期間上海方面特別根據地隊司令與上海特別陸戰隊司令兼任，直屬中國方面艦隊。

3. 第 4 艦隊／第 3 遣華艦隊

1937 年 10 月淞滬作戰期間從第 3 艦隊分組第 4 艦隊，初轄第 9、14 戰隊、第 4、5 水雷戰隊、第 3 潛水戰隊等，擔任華北海域作戰，歷任司令豐田副武（1937.10）、日比野正治（1938.11～1939.11），參謀長小林仁（1937.10）、岡新（1938.9～1939.11）。1938 年 1 月 10 日所部第 1 聯合特別陸戰隊攻佔青島，次年 11 月改建為青島方面特別根據地隊，司令大島四郎、金子繁治、緒方真記、大杉守一、桑原虎雄、藤田類太郎、金子繁治。

1939 年 11 月第 4 艦隊改稱第 3 遣華艦隊，初轄第 12 戰隊（水上機母艦瑞穗號、特設水雷母艦首里丸）、第 21 水雷隊、青島方面特別根據地隊，歷任司令野村直邦（1939.11）、清水光美（1940.9）、杉山六藏（1941.7）、河瀨四郎（1941.12～1942.4），歷任參謀長多田武雄（1939.11）、金子繁治（1940.8）、緒方真記（1941.5）、大杉守一（1941.8～1942.4）。1942 年 4 月第 3 遣華艦隊撤銷，併入青島方面特別根據地隊。

4. 第 5 艦隊／第 2 遣華艦隊

1938 年 2 月組建第 5 艦隊，專任中國南方海域，初轄第 9、10 戰隊，第 5 水雷戰隊，第 3、4 航空戰隊，第 3 聯合航空隊，第 2 聯合特別陸戰隊。1939 年 11 月改稱第 2 遣華艦隊，初轄第 15 戰隊鳥海號重巡洋艦，第 5、21 驅逐隊，第 3 聯合航空隊（第 14、15 航空隊）。參加大亞灣登陸、廣州作戰、海南島作戰、欽州灣登陸作戰。第 5 艦隊／第 2 遣華艦隊歷任司令鹽澤幸一

（1938.2）、近藤信竹（1938.12）、高須四郎（1939.11）、澤本賴雄（1940.10）、新見政一（1941.4）、原清（1942.7）、副島大助（1943.6）、藤田類太郎（1945.5），歷任參謀長田結穰（1938.2）、山口多聞（1938.12）、原忠一（1939.11）、安場保雄（1941.8）、小畑長左衛門（1942.9）、大熊讓（1943.10）。

　　1938 年 10 月第 5 艦隊攻佔廣州後設第 2 根據地隊，次年改稱廣東特別根據地隊。1941 年 12 月第 2 遣華艦隊參加攻佔香港，後移駐香港。廣東特別根據地隊移駐香港改為香港特別根據地隊（下轄廣東／廣州警備隊），歷任司令鋤柄玉造、副島大助、井上保雄、安場保雄、小畑長左衛門、大熊讓。

　　5. 廈門方面特別根據地隊

　　1938 年 5 月，第 5 艦隊所轄第 2 聯合特別陸戰隊（宮田義一）攻佔廈門，11 月改建為第 3 根據地隊Ⅰ。1939 年 11 月改稱廈門方面特別根據地隊，歷任司令牧田覺三郎、大野一郎、畠山耕一郎。1942 年 1 月降格為廈門警備隊，11 月又恢復廈門方面特別根據地隊，隸屬第 2 遣華艦隊，司令原田清一。

參與侵華作戰的主要艦艇

　　1937 年 8～11 月淞滬作戰：第 3 艦隊出雲號裝甲巡洋艦，第 1 航空戰隊鳳翔號、龍驤號航母，第 2 航空戰隊加賀號航母，第 3 航空戰隊水上機母艦神威號、特設水上機母艦香久丸，第 4 航空戰隊水上機母艦能登呂號、特設水上機母艦衣笠丸，第 10 戰隊天龍號、龍田號輕巡洋艦，第 5 水雷戰隊夕張號輕巡洋艦，第 8 戰隊鬼怒號、由良號輕巡洋艦，第 1 水雷戰隊川內號輕巡洋艦。9 月 23 日加賀號航母艦載機、岸基飛機在江陰水面炸傷中國海軍寧海、平海號輕巡洋艦，兩艦坐灘被日軍虜獲。

　　9 月珠江口封鎖戰：第 5 水雷戰隊夕張號輕巡洋艦與第 29 驅逐隊，擊沉中國肇和號訓練巡洋艦。

　　12 月～1938 年長江沿線江陰、南京、蕪湖、安慶、九江、漢口作戰：第 11 戰隊敷設艦八重山號，驅逐艦栗、栂、蓮號，炮艦安宅、鳥羽、比良、勢多、堅田、保津、熱海、二見號等。

　　1938 年 1 月攻佔青島：第 4 艦隊龍驤號航母、足柄號重巡洋艦、球磨號輕巡洋艦。

3月攻佔威海：第4艦隊足柄號重巡洋艦、球磨號輕巡洋艦，嚴島號敷設艦。

5月攻佔廈門：第5艦隊蒼龍、加賀號航母，妙高號重巡洋艦，多摩號輕巡洋艦。

5月攻佔連雲港：第4艦隊能登呂號水上機母艦等。

6月攻佔南澳島：第5艦隊蒼龍、加賀號航母，妙高號重巡洋艦，多摩號輕巡洋艦。

10月大亞灣、廣州作戰：第5艦隊第9戰隊妙高號重巡洋艦、多摩號輕巡洋艦；第10戰隊天龍、龍田號輕巡洋艦；第8戰隊鬼怒、由良、那珂號輕巡洋艦；第2水雷戰隊神通號輕巡洋艦及第8、第12驅逐隊；第5水雷戰隊長良號輕巡洋艦及第16、第23驅逐隊；第1航空戰隊加賀號航母及第29驅逐隊；第2航空戰隊龍驤、蒼龍號航母；第3航空戰隊神威號水上機母艦；第4航空戰隊衣笠丸特設水上機母艦。

1939年2月攻佔海南島：第5艦隊妙高號重巡洋艦、名取號輕巡洋艦，第5水雷戰隊長良號輕巡洋艦，第1航空戰隊赤城號航母、千代田號水上機母艦、神川丸特設水上機母艦。

5月攻佔岱山島：駐上海第1根據地隊下屬陸戰隊。

6月攻佔石臼所：瑞穗號水上機母艦，佐世保5特。

6月攻佔汕頭：第5艦隊第9戰隊妙高號重巡洋艦、多摩號輕巡洋艦，第5水雷戰隊長良號輕巡洋艦，陸軍第104師團後藤十郎支隊。

6～7月攻佔舟山島：出雲號裝甲巡洋艦、八重山號敷設艦、第1掃雷隊，上海陸戰隊、吳5特。

11月登陸欽州灣：第5艦隊（11月15日改稱第2遣華艦隊）第2航空戰隊神川丸特設水上機母艦、千代田號水上機母艦，陸軍第5師團、臺灣混成旅團。

至1939年底日軍全面封鎖中國沿海港口，1940年9月日軍進駐北部越南，通過法國殖民當局控制廣州灣西營港（今湛江）與經越南的出海通道。

以上直接參加侵華作戰的驅逐艦以上艦艇（不含外海警戒、輸送、護航）：

航母鳳翔、加賀、龍驤、蒼龍、赤城號，重巡洋艦足柄、妙高號，輕巡洋

艦阿武隈、天龍、龍田、木曾、夕張、鬼怒、長良、由良、川內、球磨、那珂、名取、多摩、神通號，裝甲巡洋艦常磐、八雲、出雲號，水上機母艦能登呂、神威、瑞穗、千代田號。

河用炮艦與二等驅逐艦

1905 年 12 月組建日本南清艦隊擔任長江及以南海域警備，此後一直編有專任對華警備艦隊。1909 年始日本研發河用炮艦 7 級 13 艘（均為蒸汽活塞機動力），長期隸屬侵華海軍部隊第 11 戰隊，巡航長江、洞庭湖、湘江、西江水域。

1. 鳥羽號，1911 年入役，吃水 0.79 米，215 噸，航速 15 節，75 毫米炮 2、6.5 毫米機槍 6，59 人。

2. 嵯峨號，1912 年入役，吃水 2.31 米，785 噸，航速 15 節，120 毫米炮 1、76 毫米高炮 3，87 人。

3. 安宅號，1922 年入役，吃水 2.29 米，725 噸，航速 16 節，120 毫米炮 2、76 毫米高炮 3、6.5 毫米機槍 6，116 人。相繼為第 1 遣外艦隊、第 11 戰隊、第 1 遣華艦隊旗艦。

4. 勢多級 4 艘——比良、勢多、堅田、保津號，1923 年入役，吃水 1.02 米，338 噸，航速 16 節，76 毫米高炮 2、7.7 毫米機槍 5，62 人。

5. 熱海級 2 艘——熱海、二見號，1929、1930 年入役，吃水 1.13 米，205 噸，航速 16 節，76 毫米高炮 2、7.7 毫米機槍 5，54 人。

6. 伏見級 2 艘——伏見、隅田號，1939、1940 年入役，吃水 1.2 米，304 噸，航速 17 節，76 毫米高炮 1、25 毫米機炮 1，61 人。

7. 橋立級 2 艘——橋立、宇治號，1940、1941 年入役，吃水 2.45 米，993 噸，航速 19.5 節，120 毫米高炮 3、7.7 毫米機槍 3，158 人。

太平洋戰爭日軍繳獲的 5 艘炮艦亦長期參加侵華海軍部隊——多多良號（原屬美國）350 噸，須磨號（原屬英國）645 噸，興津號（原屬意大利）700 噸，鳴海號（原屬意大利）180 噸，舞子號（原屬葡萄牙）95 噸。

侵華戰場沉沒或坐底未修復炮艦 7 艘：嵯峨號（1945.1.22，香港）、比良號（1944.11.26，安慶）、堅田號（1945.4.2，上海）、保津號（同比良號）、伏見號（同比良號）、橋立號（1944.5.22，香港）、須磨號（1945.3.19，安慶）。

圖 14　保津號河用炮艦，三菱重工神戶造船廠 1923 年製造，動力 2 臺蒸汽活塞機，2 座煤—油混燒鍋爐，2100 馬力，載煤 20 噸、重油 74 噸，平直甲板、龐大上層建築的內河艦船外形特點。1944 年 11 月 26 日保津號在安慶江面被美軍飛機炸毀坐底。

　　二等驅逐艦樅級 21 艘，1920 年始入役，吃水 2.44 米，850 噸，航速 36 節，120 毫米炮 3、6.5 毫米機槍 2，533 毫米魚雷管 4，110 人。

　　二等驅逐艦若竹級 8 艘，1922 年始入役，吃水 2.5 米，820 噸，航速 35.5 節，120 毫米炮 3、6.5 毫米機槍 2，533 毫米魚雷管 4，110 人。

　　樅級、若竹級驅逐艦因吃水較淺，戰前主要用於中國沿海、長江水域警備與侵犯。太平洋戰爭期間若竹級驅逐艦調出參與外洋作戰、護航行動。樅級驅逐艦至 1940 年有 4 艘退役或損失、5 艘改雜役船、9 艘改哨戒艇，栗、栂、蓮號保留為驅逐艦，仍長期隸屬侵華海軍。栂號於 1945 年 1 月在高雄海域被美軍飛機炸沉。

第 15 章　海南警備府

　　鎮守府、要港部、警備府是日本海軍岸上單位，擔任所在區域防禦警備、造艦監督、艦艇編組整備、補給動員、艦員編練、港務航道、製造修理等。1886 年始日本海軍設置橫須賀鎮守府、吳鎮守府、佐世保鎮守府、舞鶴鎮守府，1901 年始設置要港部。1941 年 4 月 10 日成立海南警備府，11 月各要港部相繼改制為馬公警備府（後移址改稱高雄警備府）、鎮海警備府、旅順警備府（後降格為旅順根據地隊）、大湊警備府、大阪警備府。二戰時日本海軍 4 個鎮守府都設在本土，6 個警備府有 4 個在本土以外，其中高雄警備府、鎮海警備府、旅順警備府（後降格）是作為日本殖民地來設置的，所以有的日本資料稱艦隊是海軍外戰部隊，鎮守府、警備府則是海軍內戰部隊。例外的情形就是海南警備府，海南警備府及其前身從 1939 年日軍佔領海南島一直存在，兼有軍事佔領、「南進」前進基地的作戰功能與開拓、掠奪的殖民功能。

　　日軍大本營《大陸命第 265 號》以「建立對華南進行航空作戰及封鎖作戰的基地」為直接目的發起攻佔海南島，已包含有海軍力主「南進」的企圖。侵佔海南島另一目的是日本海軍欲獲得屬於自己的地盤，一如關東軍霸佔中國東北。1938 年底日本內閣成立興亞院管理在華政務與開發事務，興亞院機構大部為陸軍把持，下轄華北、蒙疆、華中、廈門 4 個聯絡部，海軍獨得廈門聯絡部與華北聯絡部的青島派出所，華中聯絡部由陸海軍平分。日本海軍在中國大陸的作用與利益遠不如陸軍，海南島因此進入海軍的戰略視野。海軍一再提出攻佔海南島，陸軍擔心此舉會增加解決中國問題的困難而予以阻撓，後考慮到陸海軍合作關係終於同意發起海南島作戰。在 1939 年的日汪談判、1941 年的日美談判中，海軍都要求以維持海南島駐軍為條件。

1939年初日本海軍鼓動海南島作戰時，陸軍擔心海軍獨佔海南島而反對，（海軍）軍令部作戰課長草鹿龍之介邀集（陸軍）參謀本部作戰課長稻田正純聯手出具保證書：「在佔領海南島後，陸海軍均不建立政治的、經濟的地盤」，才得以說服陸軍首腦同意進攻海南島。日軍攻佔海南島不久，內閣外務、陸軍、海軍三大臣曾決定「有關海南島政務的處理，由現地陸海軍各政務處理機關及外務省派出機關組成海口聯絡會議負責實行」。實際情況則是駐海南島陸軍兵力漸減（陸軍島嶼作戰不便，重點在侵佔大陸），而海軍一直強勢存在，最終導致海軍獨大。

日本海軍一貫著力搜集海南島地理氣象與資源情報，1926年日本海軍派遣的勝間田善作根據海南島各縣政府的地圖繪製出海口市地圖和海南島地圖。攻佔海南島作戰時陸軍所需兵要地志資料均由海軍提供。1934年2月輕巡洋艦球磨號侵入榆林港，隨艦陸戰隊官兵登岸偵察、襲擾數日。1936年9月3日發生「北海事件」，日軍嵯峨號炮艦、若竹號驅逐艦就近在海口海域待命，15日以球磨號輕巡洋艦為旗艦組成第3艦隊南遣部隊開赴海口、北海威脅當地反日軍民。

第4根據地隊—海南島根據地隊—海南警備府

七七事變後，1938年2月日本海軍組建第5艦隊專任中國南方海域作戰，6月24日第5艦隊艦艇曾抵達海口海域活動，9月7日佔領東京灣的潿洲島（海口西北165公里），設置海軍航空基地，9月24日日機轟炸海口、瓊山，10月11日第5艦隊與陸軍第21軍登陸大亞灣，發起侵佔廣州作戰。

1939年1月在第5艦隊序列組建第4根據地隊，1939年2月8日日本陸軍第21軍下屬臺灣混成旅團（旅團長飯田祥二郎）由第5艦隊、陸軍第4飛行群護航從萬山群島出發，10日在海口以西澄邁灣登陸，當日攻陷海口、瓊山及以東的定安、文昌、清瀾港等。

日本海軍獨力攻佔海南島南部，第4根據地隊下屬橫四特（即橫須賀鎮守府第4特別陸戰隊，下同）、佐世保八特、吳六特近3000人於2月13日午夜由雷州半島滘尾灣出航，經東京灣14日拂曉在三亞附近登陸，當日中午佔領三亞、榆林港、崖縣。第5艦隊參戰部隊有第12戰隊，第4水雷戰隊，第1航空戰隊下屬的妙高號重巡洋艦、名取號與長良號輕巡洋艦、赤城號航母、千代田號水上機母艦等，海軍第3聯合航空隊（岸基）擔任空中支持。攻佔

海南島後第 4 根據地隊進駐三亞。當年 11 月第 5 艦隊改稱第 2 遣華艦隊,駐防中國南方海域,第 4 根據地隊同時改稱海南島根據地隊。第 4 根據地隊／海南島根據地隊歷任司令太田泰治(1939.1)、福田良三(1939.11)、井上保雄(1940.11),仍隸屬第 2 遣華艦隊。

1941 年日本海軍加快「南進」準備,4 月 10 日將海南島根據地隊升格為海南警備府,與第 2 遣華艦隊平級。海南警備府歷任司令谷本馬太郎、砂川兼雄(1941.11)、小池四郎(1942.12)、松木益吉(1943.10)、伍賀啟次郎(1944.11),歷任參謀長井上保雄、宇垣完爾(1941.9.1)、一瀨信一(1943.2.19)、千田金二(1944.3.10)。

海南警備府所設主要機構有特務部、軍需部、榆林運輸部、經理部、海軍工作部、施設部。海南警備府特務部是管理島上政務與開發、實施殖民化的重要機關。登陸海南島前夕日本第 5 艦隊參謀前田稔就任情報部長,預定擔任海南島地方政務管理,1939 年 11 月 15 日情報部改為海南島海軍特務部,歷任部長前田稔、松永貞市(1940.2)、鎌田道章(1940.10～1941.4.10)。

海南警備府成立後海南島特務部成為其下設機構,警備府參謀長井上保雄兼任特務部長,鎌田道章改任次長。1942 年海南特務部主持將「瓊崖臨時政務委員會」改組為「瓊崖臨時政府」,其下設機構從「處」改稱「廳」,以示獨立於日本陸軍控制下的廣東省,日本海口領事館亦與廣州領事館並列。當年 6 月始特務部設政務局,政務局長為特務部實際主事,歷任海南警備府特務部政務局長藤原喜代間(1941.6)、溝口征(1943.10)。

日軍攻佔海南島不久,日本外務、陸軍、海軍三大臣決定「有關海南島政務的處理,由現地陸海軍各政務處理機關及外務省派出機關組成海口聯絡會議負責實行」。實際上海南島經濟開發全部歸海軍,海南警備府成立不久太平洋戰爭爆發,駐島陸軍兵力漸減,島上軍政事務盡歸海軍。

海南警備府地面作戰部隊

日本海軍攻佔海南島南部後,登陸部隊橫四特、佐八特、吳六特與第 5 防備隊就地駐防。1939 年 4 月吳六特改制第 6 防備隊,11 月第 5、6 防備隊改稱第 15、16 防備隊,1940 年 6 月調入舞鶴鎮守府第 1 特別陸戰隊,1941 年 7 月第 15、16 防備隊改制第 15、16 警備隊。

1932 年日本《海軍特別陸戰隊令》規定隨艦艇行動的臨時上岸部隊為特

設陸戰隊，常駐於某一地區執行警備任務的部隊為特別陸戰隊，特別陸戰隊標準編制是：陸戰隊本部（司令、參謀、副官、內務長、軍醫長、主計長），陸戰隊下轄第 1、第 2 大隊及附屬（特科）隊，大隊之下依次設中隊、小隊、分隊。陸戰隊兵力為軍官 53、特務軍官 22、士官 304、水兵 1342、其他 182，合計 1903 人，約相當於陸軍的兩個步兵大隊。

日本海軍警備隊、防備隊職能與兵力近於特別陸戰隊，擔任佔領地治安，地域性更強，勤務偏於地面。

海南警備府地面兵力重點駐防海南島沿海與經濟開發地區，對內陸民眾與抗日武裝實行封鎖清剿。5 支地面部隊本部駐地、歷任指揮官、實有兵力（1944 年 7 月 1 日）如下：

第 5 防備隊／第 15 防備隊／第 15 警備隊，本部駐島北瓊山縣海口，2931 人，歷任司令板垣盛、福澤常吉、山崎助一、土井直次、島峰次、吉田喜一；

吳六特／第 6 防備隊／第 16 防備隊／第 16 警備隊，本部駐島南崖縣三亞，1868 人，歷任司令大田實、辻村武久、安住義一、勝野實、黑木剛一、能美實、小山亨；

橫四特，本部駐島西感恩縣北黎，2037 人，歷任司令加藤榮吉、神岡重雄、板垣昂、近藤三郎、太原進、川村真一、青山茂雄；

佐八特，本部駐島東瓊東縣嘉積，1998 人，歷任司令井上左馬二、山屋太郎、高島三治、齋藤泰藏、江島久雄、小簾巍、森田一男；

舞一特，本部駐島西北儋縣那大，2877 人，歷任司令室田勇次郎、池田福男、阪田義人、本告唯次、中川有太郎。

以上合計 1.17 萬人，以及海軍警察隊 4019 人（日軍憲兵屬陸軍序列，戰爭期間陸、海軍侵佔地常有隔離的情況，在海軍侵佔地單設「海軍警察隊」行使憲兵職能）。

1941 年 2 月先後調本土吳一特、佐一特、舞二特 3 支特別陸戰隊上島參加掃蕩作戰（Y 四作戰），9～10 月間返回本土。該 3 支部隊時任司令分別是藤村正亮、志賀正成、宮田嘉信。

海南警備府航空部隊

1943 年 5 月 7 日佐世保航空隊派遣隊 9 架戰鬥機編入海南警備府序列，派遣隊長廣木武少佐，這是最早隸屬海南警備府的航空兵力，此後海南警備

府下屬有 3 支建制航空部隊。

（1）第 254 海軍航空隊（司令堀九郎）。1943 年日軍加大向中太平洋、外南洋增兵行動，海軍在中國沿海配置航空兵力擔任船團護航、防空。第 254 海軍航空隊於 10 月組建於長崎大村基地，當時裝備戰鬥機 24 架、攻擊機 3 架、運輸機 1 架，隨即進駐海南島編入海南警備府序列。1944 年 1 月第 254 航空隊轉隸香港的第 2 遣華艦隊，1945 年初撤銷，飛機、人員編入第 1 護衛艦隊下屬第 901 海軍航空隊（本部駐臺灣東港）。

（2）海口海軍航空隊（司令青木泰二郎），直屬海南警備府，1943 年 10 月 1 日～1944 年 5 月 1 日存在，屬「實用機訓練」飛行部隊，配備戰鬥機、爆擊機，兼任華南海域反潛巡邏、船團護航、截擊，1944 年有 4 次實戰記錄，包括 4 月 5 日 12 機襲擊南寧（空距 370 公里）。

（3）三亞海軍航空隊（堀九郎兼任司令），直屬海南警備府，1943 年 10 月 1 日～1944 年 6 月 1 日存在，屬「實用機訓練」飛行部隊，配備戰鬥機，兼任中國東南海域反潛巡邏、船團護航、截擊。1944 年有 3 次實戰記錄，包括 4 月 5 日 12 機襲擊南寧（空距 540 公里）。

海南警備府艦艇部隊

日本海軍第 1 水雷隊 1937～1938 年曾隸屬第 3 艦隊參加華東海域作戰，後編入舞鶴鎮守府，1940 年 10 月調入海南島根據地隊，以三亞為母港，1941 年 4 月第 1 水雷隊直屬海南警備府。第 1 水雷隊歷任司令莊司喜一郎、吉田義行、天野重隆，配備鴻、隼、鵯、鵲號鴻級水雷艇等。日本海軍水雷隊是水雷艦艇的隊級編隊，海軍術語「水雷兵裝」包括「魚雷」、「爆雷」、「機雷」，分別對應中文「魚雷」、「深水炸彈」、「水雷」。鴻級水雷艇標準排水量 840 噸、航速 30.5 節，裝備 3 具 533 毫米魚雷管、3 門 120 毫米主炮，功用相當於美英的護航驅逐艦（DE）。日軍發起攻佔香港時，第 1 水雷隊派出鵯、鵲號水雷艇參戰。1942 年 2 月 1 日第 1 水雷隊撤銷，艦艇編入其他部隊。

1943 年 7 月由徵用漁船改裝的特設驅潛艇開南丸、淑星丸編入海南警備府。

1944 年 1 月驅潛特務艇第 229 號、第 240 號編入海南警備府。兩艇標準排水量 130 噸、航速 11 節，裝備 13 毫米與 7.7 毫米機槍各一挺、深水炸彈 22 枚。

1943 年 1～2 月海南警備府派艦船進犯廣州灣，與陸軍協同攻佔西營法國殖民地。

戰爭末期日本海軍研發自殺攻擊兵器，其 1 型震洋艇排水量 1.3 噸，航速 23 節時可航行 95 海裏，裝備 120 毫米火箭炮一門，艇首裝炸藥 300 公斤，單人操作。震洋艇生產總數達 6000 多艘，編成震洋隊，每隊有 1 型艇 55 艘、5 型艇 4 艘，人員約 190。為抗擊美軍登陸海南島，1944 年 11 月第 28、第 30 震洋隊進駐海口，1945 年 1 月第 32、第 33、第 103 震洋隊分別進駐陵水縣新村、三亞、サルモン（中文名待考），各隊均沒有實戰經歷。

駐海口地區日本陸軍部隊異動情況

以廣州為中心的華南地區日本陸軍最高指揮機關先後是第 21 軍（1938.9）、華南方面軍（1940.2）、第 23 軍（1941.6），駐海南島、香港的陸軍部隊為其下屬。陸軍臺灣混成旅團（旅團長飯田祥二郎）擔任登陸海口作戰，參與侵佔黃竹、澄邁等處，當年 7 月撤出海南島移駐佛山，此後日本陸軍在海南島長期沒有建制單位，駐地僅限於海口地區，島上作戰行動曾受海南警備府指揮。臺灣混成旅團撤出後海口地區陸軍部隊異動情況如次。

1939 年 7 月～1942 年 12 月

日本陸軍第 1 獨立步兵隊海南島派遣隊駐防海口地區，如資料稱「7 月下旬第 21 軍編組了海南島派遣部隊（部隊長第 1 獨立步兵隊長馬淵久之助，以 4 個步兵大隊、山炮一個大隊為基幹）接替臺灣混成旅團負責警備。」即資料「中國派遣軍態勢簡圖（1942 年 1 月下旬）」標注的「海口支隊」。（注：耿成寬、韋顯文《抗日戰爭時期的侵華日軍》〔春秋出版社 1987 年〕將「海南島派遣部隊」與「第 1 獨立步兵隊」混淆，稱「1939 年 7 月下旬，第 21 軍編成海南島派遣部隊派往海南島。其戰鬥序列是：海南島派遣部隊（第 1 獨立步兵隊）：隊長馬淵久之助大佐：獨立步兵第 66、67、68、69、70、71 大隊、獨立炮兵隊、獨立工兵隊。」實際是，第 1 獨立步兵隊早於「1939 年 1 月 31 日編入第 21 軍序列」，臺灣混成旅團撤出海南島後第 1 獨立步兵隊派出約一半兵力駐防海南島。）另外，經查證日本陸軍資料，馬淵久之助（陸士 19）1938 年 12 月 10 日～1939 年 5 月 19 日是第 18 師團步兵 56 聯隊長，之後未再任實職，1940 年 4 月 30 日入預備役，第 1 獨立步兵隊首任隊長應是藤田與五郎（陸士 20）大佐。

1942 年 12 月～1944 年 9 月（桂柳作戰前）

駐海口的陸軍是獨立混成第 22 旅團派遣部隊，即資料「中國派遣軍態勢簡圖（1943 年 1 月上旬）」標注的「海口支隊」。第 1 獨立步兵隊於 1942 年 12 月 22 日撤銷，所屬獨立步兵第 67、68、69 大隊早於 1 月 19 日編入新組建的香港防衛隊，所屬獨立步兵第 66、70、71 大隊編入獨立混成第 22 旅團（11 月 27 日在佛山新組建）。

1944 年 9 月～1945 年 1 月

駐海口的陸軍部隊隨獨立混成第 22 旅團奉調參加桂柳作戰（期間獨立步兵第 70 大隊調入獨立混成第 23 旅團），只有留守人員留駐海口。

1945 年 1 月～5 月

日軍大本營判斷美軍有登陸華南企圖，決定加強海南島防務，駐雷州半島的獨立混成第 23 旅團（旅團長下河邊憲二）開赴海南島受海南警備府指揮（該部獨立步兵第 70、248 大隊仍駐雷州半島西營）。

1945 年 5 月～終戰

4 月美軍攻打沖繩島期間，日軍大本營變更部署，令第 23 軍收縮兵力以確保廣州、香港，5 月 7 日日軍中國派遣軍、中國方面艦隊訂立協定，海南島、金門島陸軍部隊撤回大陸，兩島防務完全由海軍承當，至此海南島不再有日本陸軍部隊。

海南警備府擔當南方作戰前進基地

日軍佔領海南島後，即於 1940 年 9 月組建印度支那派遣軍進駐北部印度支那，1941 年 7 月進駐南部印度支那，緊逼美英荷南洋勢力範圍，海南島成為日軍南侵行動的前進基地。

1. 日本本土與南洋間過往艦艇、運輸船隊中繼錨泊地

海南島日軍在三亞、榆林、陵水等處的港口、航道、碼頭、倉庫設施除海南警備府自身使用外，更是日軍過往艦艇、運輸船隊的錨泊地，提供補給、整備、醫療等，海南警備府下屬工作部是具體承擔機構。1941 年初泰國與法國殖民軍交戰期間，駐廣州第 2 遣華艦隊司令澤本賴雄率重巡洋艦足柄號等 7 艘艦隻 1 月 22 日從三亞出發，駛往印度支那半島海域向法軍示威。1943 年 7 月，為阻止盟軍潛艇襲擾大本營令高雄警備府的特設炮艦兼敷設艦長白山丸在榆林港外布設防潛網及 2000 枚水雷。

2. 第 14 海軍航空隊入駐海南島、北部越南

1938 年 1 月日軍佔領中山縣海域三灶島（今屬珠海市金灣區），海軍航空機動作戰部隊第 3 聯合航空隊下屬第 14 航空隊本部移駐於此地，1939 年 3 月 29 日第 14 航空隊本部從三灶島移駐海口，擔任對廣西、雲南對外陸上通道的轟炸。4 月 8 日第 14 航空隊首次出動轟炸昆明（空距 970 公里）。5 月第 14 航空隊參加對中國內地戰略轟炸，其陸上攻擊機隊轉場漢口（空距 1400 公里），5 月 3 日會同第 13 航空隊 45 架攻擊機轟炸重慶，6 月 11 日轟炸成都，6 月 15 日歸隊海口。1940 年 5 月第 14 航空隊戰鬥機隊再轉場漢口參加「101 號作戰」，會同第 1、第 2 聯合航空隊、第 15 航空隊各型飛機 144 架，及陸軍第 3 飛行群飛機 56 架，5 月 18 日首次轟炸重慶、成都，至 9 月上旬 101 號作戰結束後返回海口。1940 年日軍決定進駐北部印支，9 月底近衛步兵第 2 聯隊登陸海防，10 月 5 日第 14 海軍航空隊本部從海口移駐河內。1941 年 8 月日軍發起進剿海南島內陸（Y 四作戰）時，第 14 航空隊從河內出動飛機支援（空距 500 多公里）。第 14 航空隊在海南島期間歷任司令樋口曠、野元為輝、市村茂松。

3. 桂南作戰陸軍部隊出發地，第 48 師團編組整訓地

1939 年 11 月初，日本陸軍第 21 軍司令安藤利吉中將率第 5 師團、臺灣混成旅團集結三亞，11 月 16 日出航登陸欽州灣發起侵犯桂南作戰。

1940 年 11 月臺灣混成旅團從廣西開赴海南島整訓，在此合併第 6 師團步兵第 47 聯隊編成第 48 師團，旅團長中川廣轉任師團長。1941 年 3 月第 48 師團一部參加登陸雷州半島襲擾作戰，4 月師團主力參加登陸福州作戰。為適應未來南洋作戰，第 48 師團在海南島進行裝備編制整理，增加汽車、自行車配置，11 月後第 48 師團全部開赴臺灣南部編入南方軍第 14 軍，12 月中旬參加登陸呂宋島作戰。

4. 大本營南機關培訓基地

1941 年 2 月參謀本部鈴木敬司陸軍大佐在曼谷開設直屬大本營的南機關，任務是滲透緬甸、破壞對華運輸。4～10 月南機關在三亞開設特別訓練所，培訓緬甸武裝人員，後來成為反英的「緬甸獨立義勇軍」骨幹。

5. 熱帶地區作戰演習基地

1941 年 6 月由日本陸軍臺灣軍下屬研究部在海南島主持熱帶地區演習，參加兵力以一個步兵大隊加一個炮兵中隊為骨幹，以環島近千公里機動方式

演練敵前登陸後長距離作戰，辻政信中佐根據演習情況編寫的《戰務必讀》發放南洋作戰部隊官兵，辻政信本人後來任第 25 軍參謀，參加侵佔馬來亞、新加坡之戰。

6. 進駐南部印度支那日軍出發地

1941 年 7 月 21 日法國、日本達成印度支那共同防禦議定書，7 月 25 日飯田祥二郎中將率領新組建的第 25 軍司令部及直屬部隊自三亞出航進抵西貢，太平洋戰爭進入倒計時。

7. 太平洋戰爭爆發登陸馬來半島部隊出發地

1941 年 11 月新任南方軍第 25 軍司令山下奉文中將在西貢與飯田祥二郎完成交接，即率軍部、第 5 師團、佗美浩支隊（第 18 師團第 56 聯隊等）在三亞集結，期間大本營海軍部從本土派特設敷設艦辰宮丸在三亞港外佈設 750 枚水雷。12 月 4 日第 25 軍 2.7 萬人乘 26 艘運輸船從三亞出航 2000 公里駛向馬來半島，海南警備府第 1 水雷隊艦艇負責警戒三亞南 300 公里海域，12 月 8 日拂曉佗美浩支隊在馬來亞哥打巴魯登陸，打響太平洋戰爭第一槍。

8. 海軍飛行訓練地

日本海軍黃流航空隊（司令青木節二）駐崖縣，1943 年 4 月 1 日～1944 年 5 月 1 日存在，隸屬日本海軍練習航空總隊第 14 聯合航空隊（其本部駐本土），係「初步訓練」飛行部隊，配備各式練習機，利用海南島特殊環境訓練南洋作戰飛行員。

第 14 航空隊、黃流航空隊非屬海南警備府，其隸屬關係與功能定位都不同於佐世保航空隊派遣隊、第 254 航空隊、海口航空隊、三亞航空隊，一些資料將海南島的幾支海軍航空隊混淆不清，籠統稱為海南島的航空基地或培訓基地。

海南警備府治下的經濟掠奪與軍事工程

日軍對海南島的經濟侵害方式，包括武力劫取、強徵勞工、發行軍票、統制工商業、以開發名義劫掠資源等。日本海軍早已確定掠奪海南島資源：「海南島係海軍致力開發的地域……特別是石碌鐵礦山及田獨鐵礦山的開發為島內兩大開發事業」（《日本海軍在中國作戰》，第 330 頁）。日軍侵入海南後一個月，北浦豐男海軍大佐奉派率隊勘查田獨鐵礦，其後由軍方主宰的「日本窒素」、「日本石原」投資開採石碌鐵礦、田獨鐵礦，戰爭期間劫運到日本

的高品位鐵礦石有石碌鐵礦 41 萬、田獨鐵礦 240 萬噸。其他方面還有「三菱工業」開採屯昌羊角嶺水晶礦與那大錫礦山，日本三井鹽業會社在感恩縣北黎至儋縣南豐間沿海開設製鹽所等。

1939 年 2 月日軍登陸海南島同時，日本內閣拓務省拓務局南洋課頒發《海南島開發要領》，5～7 月南洋柔佛橡膠栽培公司總經理岡部常太郎一行赴海南島，考察當地經濟林情況。在軍方主導下，南洋興發株式會社等日本產業利用海南島特有氣候經營橡膠、植物纖維、植物油料、蔗糖原料等農作物生產。

為礦山運輸及各軍事據點間聯繫，海南島日軍修築了田獨—河口、石碌—八所、榆林—北黎的窄軌鐵路 254 公里。九一八事變後侵華日軍在中國新修鐵路約 6900 公里，海南島鐵路唯一由日本海軍修建、管理。海南警備府施設部主持鐵路設計、施工，施設部下設的鐵道事務所管理線路運行。海南警備府主持修建的大型工程還有南渡江鐵橋（1942 年），東方水電站（1943 年）等。

海南警備府五任司令長官有四人是海軍工程專家：砂川兼雄曾任佐世保海軍工廠長、吳海軍工廠長 4 年，小池四郎曾任海軍水路部長、海軍施設本部長 4 年，松木益吉曾任舞鶴海軍工廠長、艦政本部總務部長與第一部長 6 年，伍賀啟次郎曾任吳海軍工廠水雷部長、艦政本部第二部長、軍需省關東軍需監理部長，可見海南警備府著力軍事工程修築與經濟開發，體現日本海軍對海南島價值與作用的定位。日本戰敗投降後，文件《中國戰區遣送計劃》（1946 年 2 月 6 日）統計截至 2 月 1 日海南島遣送日本俘僑 44533 人，其中近半是朝籍，臺籍 1818 人，朝籍、臺籍人員的絕大多數用於經濟與工程事務。

第 16 章　侵華日軍陸軍航空部隊

　　戰時的日本與美國一樣沒有獨立空軍，陸海軍有各自的航空部隊，這是非常的巧合（日本陸軍軍制先後效法法國、德國，海軍軍制效法英國）。但美國陸軍航空隊是事實上的亞軍種，陸軍航空隊司令阿諾德與陸軍參謀長馬歇爾、海軍作戰部長金同是參謀長聯席會議成員。陸軍航空隊兵力龐大，產量超過萬架的就有 P-40、P-47、P-51 戰鬥機，B-17、B-24 轟炸機。美軍海航除艦載機、水上飛機外，只有少量擔任巡邏、運輸、聯絡的陸基航空兵，遠程作戰、大陸作戰完全由陸航擔任。飛機的開發研製方面也有分工，陸航、海航都有相互借用、移植的飛機，如海軍配備陸軍開發的 B-24、B-25 轟炸機，改制為 PB4Y、PBJ 反潛巡邏機，陸軍配備海軍開發的 SBD、SB2C 艦載俯衝轟炸機，分別改名為 A-24、A-25 攻擊機，陸海軍都使用道格拉斯 DC-3 客機改制的運輸機，分別稱 C-47 與 R4D。

　　日本陸海軍航空兵種走著不同的路子，各自獨立開發研製飛機且互不通用，機種分類與型號命名各有一套，作戰表現上差別更大。航空兵是日本海軍的半壁江山，戰爭後期在艦艇喪失殆盡時海軍陸基航空兵仍有相當作戰力。終戰時陸軍有 164 個地面師團，卻只有 9 個飛行師團。海軍航空兵作戰範圍遠大於陸軍航空兵，一般來說作戰能力也強於陸軍航空兵。陸軍航空兵多在陸地空域作戰，而海軍航空兵在陸地空域照樣稱雄。陸軍航空兵以支援地面作戰為主，遠程作戰主要由海軍航空兵承擔。

關東軍航空部隊

　　日本關東軍下屬航空部隊，以其最高指揮機關為標誌分為 4 個階段：

關東軍飛行隊，關東軍飛行集團／第 2 飛行集團，航空兵團，第 2 航空軍（1945 年 4 月始隸屬本土航空總軍）。

九一八事變時從本土調入 7 個飛行中隊參加作戰，當年 11 月以其中 5 個中隊 45 架飛機組建首支航空部隊——關東軍飛行隊，隊長長嶺龜助大佐。1932 年 6 月擴編，轄偵察機、戰鬥機、爆擊機 3 個大隊 113 架飛機與航空工廠。1933 年再擴編，轄飛行第 12 聯隊另 2 個飛行大隊。

1935 年 12 月關東軍飛行隊升格為關東軍飛行集團，轄飛行第 10、11、12、15、16 聯隊。七七事變日本出兵中國關內，關東軍飛行集團戰鬥、偵察、重爆各 2 個中隊侵入華北。

1938 年 7 月日本陸軍航空部隊頒發新的組織體系：

航空兵團——飛行集團——飛行群（「飛行團／Flying Brigade」）、航空地區司令部——飛行戰隊、飛行場大隊——飛行中隊。

飛行戰隊「專門擔任戰鬥」，有飛機 24～36 架。飛行群是「自成系統的戰術單位」。

關東軍飛行集團改稱第 2 飛行集團，轄第 7、8、9、12 飛行群以及駐朝鮮的第 2 飛行群，第 59 飛行戰隊參加武漢作戰。

1938 年 4 月侵入關內的臨時航空兵團改稱航空兵團，1939 年諾門坎邊境作戰時，航空兵團司令部奉調東北指揮諾門坎空戰，投入第 2、9、12 飛行群與集成飛行群 14 個飛行戰隊。

1941 年「關特演」航空兵力達最高峰，航空兵團下轄：

第 2 飛行集團第 2、7、8 飛行群，14 個飛行戰隊；

第 5 飛行集團（1940 年 12 月組建，集團長小畑英良）第 12、13 飛行群，7 個飛行戰隊；

航空兵團直屬第 12、13 飛行群，5 個飛行戰隊。

共計 26 個飛行戰隊，各種作戰飛機約千架。

1941 年 11 月第 5 飛行集團調入南方軍。

1942 年 2 月關東軍組建第 4 飛行集團，屬基地勤務單位，集團長下山琢磨。

1942 年 4 月日本陸軍航空再改制，飛行集團改為飛行師團，新設航空軍建制，航空部隊組織關係成為：航空軍（中將）——飛行師團（中將）——飛行群（中佐至少將）——飛行戰隊（少佐至大佐）、獨立飛行隊——飛行中隊。

在中國東北的航空兵團改為第 2 航空軍（長春）。

第 2 航空軍下轄第 2、4 飛行師團由第 2、4 飛行集團改稱，計有第 2、6、8～10、13、14 飛行群，白城子教導飛行群，共 22 個飛行戰隊。

隨著太平洋戰事吃緊，關東軍第 2 航空軍所轄部隊相繼調出，1942 年 11 月白城子教導飛行群編入第 6 飛行師團，開赴澳北作戰。1944 年 4 月第 2、4 飛行師團改隸第 4 航空軍，分別調澳北、菲律賓。第 2 航空軍飛行部隊只餘下 1943 年組建的獨立第 15 飛行群。

1945 年 4 月在東京成立航空總軍，是陸軍航空最高指揮機關，第 2 航空軍脫離關東軍編入航空總軍序列，飛行部隊僅有獨立第 15 飛行群的飛行第 104 戰隊又 2 個中隊，飛機不足百架。

關內戰場日軍陸航沿革

1. 1937 年 7 月～1939 年 9 月

七七事變後航空兵團長德川好敏中將率 6 個飛行大隊投入華北作戰，隸屬華北方面軍，始稱陸軍臨時航空兵團。1938 年 4 月，因戰爭規模擴大臨時航空兵團改稱航空兵團（留本土部隊稱留守航空兵團），轄第 1、2 飛行群，12 月江橋英次郎中將接任兵團長。駐臺灣屏東的第 3 飛行群擔任支持淞滬戰場，先後隸屬華中方面軍、華中派遣軍。

1938 年武漢作戰始廢飛行聯隊、飛行大隊兩級建制，改置飛行戰隊與飛行場大隊分別擔任飛行任務與地勤任務。飛行戰隊是編制較穩定的基本單位，按機種、任務編組（以甲、乙、丙、丁區分偵察、戰鬥、輕轟、重轟），設戰隊本部和幾個飛行中隊（1944 年 1 月廢中隊設飛行隊），有飛機 24～36 架。

1938 年 8 月航空兵團調入華中派遣軍進駐南京，轄第 1、3、4 飛行群，武漢作戰時在湖北黃梅縣二套口建大型基地。此期間另成立華北方面軍飛行隊，轄飛行第 27、90 戰隊，飛行第 64 戰隊一部。

12 月 26 日第 1 飛行群飛行第 60 戰隊 12 架 97 重爆、飛行第 98 戰隊 10 架意式重爆從漢口起飛，首開轟炸重慶。次年 1 月又連續四次轟炸，共出動重轟炸機 112 架次，其後因天氣原因改以山西運城為基地轟炸蘭州中國空軍基地。

1939 年 5 月航空兵團返回華北方面軍序列駐北平，第 3 飛行群隸屬華中派遣軍，第 4 飛行群隸屬第 21 軍。

2. 1939 年 9 月～1941 年 11 月

1939 年 9 月 1 日航空兵團司令部調關東軍，在北平另組建華北方面軍第 3 飛行集團轄第 1 飛行群，華中派遣軍序列第 3 飛行群，第 21 軍序列第 21 獨立飛行隊。

9 月 4 日中國派遣軍成立，第 3 飛行集團直屬中國派遣軍，統一指揮關內陸航部隊。此時關內戰場日本陸航部隊組織形式為：第 3 飛行集團——飛行群——飛行戰隊——飛行中隊。第 3 飛行集團歷任集團長木下敏中將（1939.9）、菅原道大中將（1941.9），始有 7 個偵察機中隊 63 架、4 個戰鬥機中隊 48 架、4 個輕轟炸機中隊 36 架、3 個重轟炸機中隊 36 架，共 183 架飛機。1940～1941 年華南方面軍直屬大本營期間，設華南方面軍飛行隊，轄 4 個飛行中隊。

圖 16 《朝日新聞》圖片：1940 年 6 月 16 日一架日本陸軍 97 重爆轟炸重慶渝中半島。查證日軍資料，5 月 20 日日本海軍第 1、2 聯合航空隊執行 101 號計劃首次轟炸重慶。6 月 16 日陸軍第 60 飛行戰隊（小川小二郎）運城基地出動 36 架 97 重爆轟炸重慶（空距 740 公里），中國 37 架戰鬥機應戰，日軍損失 2 機。同日日本海軍出動 75 架 96 陸攻。

3. 1941 年 11 月～1942 年 7 月

1941 年 11 月第 3 飛行集團司令部率第 3、7、12 飛行群編入南方軍序列，準備參加南洋作戰，留置第 1 飛行群擔任華北、華中作戰，轄飛行第 44（偵察）、第 54 戰隊（戰鬥），獨立飛行第 10（戰鬥）、第 18（司偵）、第 83 中隊（軍偵），第 8 直協飛行隊，約 70 架飛機。另第 23 軍飛行隊約 45 架飛機。第 3 飛行集團第 1 飛行群歷任群長秋山豐次少將（1941.11）、今西六郎少將（1942.4）。

4. 1942 年 7 月～1944 年 2 月

1942 年 4 月第 3 飛行集團改稱第 3 飛行師團，7 月調回中國關內戰場，下轄第 1 飛行群，含飛行第 16 戰隊（輕爆）、飛行第 90 戰隊（輕爆）、獨立飛行第 10 中隊（戰鬥）、獨立飛行第 18 中隊（司偵）、獨立飛行第 83 中隊（軍偵）；直轄飛行第 44 戰隊（偵察）、飛行第 54 戰隊（戰鬥），第 8 直協飛行隊。第 3 飛行師團歷任師團長中薗盛孝中將（1942.7）、下山琢磨中將（1943.9）。

5. 1944 年 2 月～1945 年 5 月

1944 年 2 月第 3 飛行師團在南京升格為第 5 航空軍，軍司令下山琢磨中將，轄第 1 飛行群（戰鬥機飛行第 25、48、85 戰隊）、第 2 飛行群（戰鬥飛行第 6、9、24 戰隊）、第 8 飛行群（輕爆飛行第 16、90 戰隊），直轄飛行第 44 戰隊（偵察）、飛行第 82 戰隊（司偵）。

6. 1945 年 5 月～終戰

1945 年 3 月在南京編成第 13 飛行師團（吉田喜八郎中將），隸屬第 5 航空軍序列，隨即進駐漢口擔任華中、華南作戰。5 月第 5 航空軍司令部率飛行第 6、10、22、25、44、82、85 戰隊（包括 4 式戰／疾風、99 輕爆、99 襲擊、98 直協、百式司偵等機種）移駐漢城，第 13 飛行師團司令部移駐南京直屬中國派遣軍總司令部，擔任關內航空作戰。

至終戰時，第 13 飛行師團轄飛行第 9、48、90 戰隊，獨立飛行第 54 中隊等，及第 5、16、26、50、56 航空地區司令部、17 個飛行場大隊，能開動飛機有 100 多架，機型有 1 式戰／隼、2 式戰／鍾馗、4 式戰／疾風、99 輕爆、99 襲擊、98 直協、99 軍偵、百式司偵、百式輸送，官兵 10766 人。

侵華日軍陸航主要飛機 22 種

1931～1945 年間日本陸軍開發、生產戰鬥機、轟炸機、攻擊機、偵察／巡邏／觀測機、運輸機計有 32 種、3.64 萬架，以下僅列參加侵華作戰的 22 種。

1. 中島 91 式戰鬥機（91 戰），520 馬力，時速 300 公里，續航 2 小時，7.7 毫米機槍 2，450 架。（括號內為該飛機簡稱或習稱、研發號，下同）

2. 川崎 95 式戰鬥機（簡稱或習稱 95 戰、研發號キ 10，下同），雙翼，720 馬力，時速 400 公里，航程 1100 公里，7.7 毫米機槍 2，588 架。

3. 中島 97 式戰鬥機（97 戰、キ 27），610 馬力，時速 460 公里，航程 800 公里，7.7 毫米機槍 2，3386 架。

4. 中島 1 式戰鬥機（1 式戰／隼、キ 43），1020 馬力，時速 530 公里，航程 1620 公里，12.7 毫米機槍 2、60 公斤炸彈，5800 架。

5. 中島 2 式戰鬥機（2 式戰／鍾馗、キ 44）1400 馬力，時速 615 公里，航程 1600 公里，12.7 毫米機槍 4、60 公斤炸彈，1225 架。

6. 川崎 2 式雙座戰鬥機（2 式復戰／屠龍、キ 45 改），1050 馬力×2，時速 547 公里，航程 1500 公里，7.7 毫米機槍 1、12.7 毫米機槍 2、20 毫米機炮 2，1704 架。

7. 中島 4 式戰鬥機（4 式戰／疾風、キ 84）1800 馬力，時速 624 公里，航程 2700 公里，12.7 毫米機槍 2、20 毫米機炮 2、60 公斤炸彈，3421 架。

8. 川崎 88 式輕爆擊機（88 輕爆），雙翼，450 馬力，2 座，時速 210 公里，續航 6 小時，7.7 毫米機槍 2、200 公斤炸彈，407 架。

9. 川崎 93 式單發輕爆擊機（93 單發輕爆、キ 3），雙翼，700 馬力，2 座，時速 260 公里，航程不明，7.7 毫米機槍 2、500 公斤炸彈，243 架。

10. 菲亞特 B.R.20 重爆擊機（意式重爆），1000 馬力×2，6 座，時速 430 公里，航程 3000 公里，12.7 毫米機槍 2、20 毫米機炮、1000 公斤炸彈，1938 年購入 85 架。

11. 三菱 97 式重爆擊機（97 重爆、キ 21），1080 馬力×2，7 座，時速 472 公里，航程 2700 公里，7.7 毫米機槍 5、1000 公斤炸彈，2054 架。

12. 三菱 97 式輕爆擊機（97 輕爆、キ 30），850 馬力，2 座，時速 425 公里，航程 1700 公里，7.7 毫米機槍 2、450 公斤炸彈，704 架。

13. 川崎 98 式輕爆擊機（98 輕爆、キ 32），800 馬力，2 座，時速 423 公

里，航程 1220 公里，7.7 毫米機槍 2、450 公斤炸彈，854 架。

14. 川崎 99 式輕爆擊機（99 輕爆、キ 48），1100 馬力×2，4 座，時速 505 公里，航程 2260 公里，7.7 毫米機槍 4、500 公斤炸彈，1977 架。

15. 中島百式重爆擊機（百式重爆／吞龍、キ 49），1260 馬力×2，8 座，時速 490 公里，航程 3000 公里，7.92 毫米機槍 5、20 毫米機炮 1、1000 公斤炸彈，813 架。

16. 三菱 99 式襲擊機（99 襲、キ 51），950 馬力，2 座，時速 425 公里，航程 1060 公里，7.7 毫米機槍 1、12.7 毫米機槍 2、250 公斤炸彈，2385 架（部分用作 99 式軍偵察機）。

17. 川崎 88 式偵察機（88 偵），雙翼，450 馬力，2 座，時速 220 公里，續航 6 小時，7.7 毫米機槍 3，710 架（機體同於川崎 88 式輕爆擊機）。

18. 中島 94 式偵察機（94 偵、キ 4），雙翼，550 馬力，2 座，時速 300 公里，航程 2400 公里，7.7 毫米機槍 3、50 公斤炸彈，383 架。

19. 三菱 97 式司令部偵察機（97 司偵、キ 15），900 馬力，2 座，時速 510 公里，航程 1200 公里，7.7 毫米機槍 1，437 架（海軍轉用：三菱 98 式陸上偵察機，C5M，50 架）。

20. 立川 98 式直接協同偵察機（98 直協、キ 36），510 馬力，2 座，時速 349 公里，航程 1100 公里，7.7 毫米機槍 2、375 公斤炸彈，1334 架。

21. 三菱百式司令部偵察機（百式司偵、キ 46），1080 馬力×2，2 座，時速 604 公里，航程 2474 公里，7.7 毫米機槍 1，1742 架。

22. 三菱百式輸送機（百式輸送、キ 57），1080 馬力×2，4 座，時速 470 公里，航程 3000 公里，507 架。

第 17 章　日本海軍航空部隊

日本海軍航空部隊規制

日本海軍航空部隊組織關係是：

航空艦隊、艦隊、警備府（司令長官中將）——航空戰隊、聯合航空隊（司令官少將）——航空隊（司令中佐至少將）。

航空隊是日本海軍航空的基本單位，其規模高於陸軍飛行戰隊，略低於陸軍飛行群。早期航空隊為混合機種編制，番號均冠以地名，七七事變後新設航空隊番號使用 1～40 編號。1943 年始使用 3～4 位數編號並按機種區分。1944 年 7 月航空隊實行空地分離編制：擔任飛行任務的航空隊番號以數字編號，擔任基地保障的航空隊又稱乙編制航空隊，番號冠以地名。

第 1-5 航空戰隊由 2～3 艘攻擊航空母艦編成，為戰隊級單位，一般還配屬 1 個驅逐隊，其艦載機編隊稱「某艦飛行機隊」。第 1-5 航空戰隊之外，先後還有 23 個航空戰隊、終戰時存 10 個，絕大多數是陸上航空部隊。

1941 年 1 月日本海軍將全部外戰陸基航空兵組建為第 11 航空艦隊，歷任司令長官片桐英吉、冢原二四三（1941.9）、草鹿任一（1942.10）。

1941 年 4 月首次將航空母艦組建為第 1 航空艦隊，中途島戰敗後第 1 航空艦隊撤銷，航空母艦編隊以第 1-5 航空戰隊番號混編入第 3 艦隊。此後組建的所有航空艦隊實際是海軍的陸基航空兵部隊，而陸基航空隊、航空戰隊也可編入各類其他艦隊。

關內戰場日本海航部隊

日本發動全面侵華戰爭後，陸海軍協定華北航空作戰以陸軍為主，華中、華南航空作戰以海軍為主。淞滬作戰、廣州作戰、海南島作戰都有日本海軍第 1 航空戰隊加賀號航母，第 2 航空戰隊龍驤號、蒼龍號航母艦載機，第 3、4 航空戰隊艦載水上飛機參加，海軍岸基航空主要擔任遠距離轟炸。日本陸軍長航程飛機數量少，性能也不如海軍飛機，侵華作戰初期海軍岸基航空是遠程作戰主力。

淞滬作戰初始，8 月 14 日海軍航空兵首次「渡洋爆擊」，第 1 聯合航空隊鹿屋航空隊 18 架 96 陸攻從臺北基地起飛轟炸杭州筧橋機場、安徽廣德機場，15 日始木更津航空隊 20 架 96 陸攻從九州島大村基地起飛多次轟炸南京、蘇州、上海。10 月中國方面艦隊成立時，第 1、2 聯合航空隊編入其序列，1938 年底又成立第 3 聯合航空隊，第 2、3 聯合航空隊參加海南島作戰。

太平洋戰爭前參與侵華作戰的日本海軍岸基航空部隊及主官：

第 1 聯合航空隊，轄鹿屋航空隊、木更津航空隊，用於華中、華南作戰，歷任司令戶冢道太郎、冢原二四三（1938.12）、桑原虎雄（1939.10）、山口多聞（1940.1）、大西瀧治郎（1940.11），1941 年 1 月改制為第 21 航空戰隊。

第 2 聯合航空隊，轄第 12、13 航空隊，武漢作戰期間增設第 15 航空隊，用於華北作戰，歷任司令三並貞三、冢原二四三（1937.12）、桑原虎雄（1938.12）、大西瀧治郎（1939.10）、松永貞市（1940.11），1941 年 1 月改制為第 22 航空戰隊。

第 3 聯合航空隊，司令山縣正鄉（1938.12）、寺岡謹平（1939.12），1940 年 11 月撤銷。

第 4 聯合航空隊，司令草鹿龍之介（1940.11），1941 年 1 月改制為第 24 航空戰隊。

1941 年 1 月日本海軍第 11 航空艦隊成立，下轄第 21、22、24 航空戰隊，並配屬艦艇部隊第 34 驅逐隊。第 11 航空艦隊是第一支艦隊級陸上航空部隊，接手原由中國方面艦隊指揮的對中國內地轟炸攻擊。太平洋戰爭爆發後，日本海軍航空部隊全力投入南方作戰，中國戰場航空作戰幾乎全由陸軍擔任。

1943 年下半年日軍加大向中太平洋、外南洋增兵行動，日本海軍決定在中國沿海配置航空兵力擔任護航、防空。10 月以練習航空隊為基礎在長崎編成第 254 航空隊，配備零式戰鬥機、97 艦攻、天山艦攻，隨即進駐海南島隸屬海南警備府，擔任南中國海海域作戰，1944 年 1 月轉隸第 2 遣華艦隊，1945 年初撤銷，飛機、人員併入九州第 901 航空隊。駐海南島的日本海軍航空其他部隊參見第 15 章。

1944 年 2 月以練習航空隊為基礎在青島編成第 256 航空隊，配備零戰、97 艦攻、天山艦攻，進駐上海擔任本土—南洋船團護航、防空，年底撤銷，飛機、人員併入九州第 951 航空隊。

1945 年 2 月，日本海軍航空遺留中國關內戰場人員在上海編為華中海軍航空隊（乙航空隊建制），管轄各海軍機場，司令梅崎卯之助大佐，終戰時官兵 3334 人。許多中文資料稱日軍投降單位有「華中空軍司令部」，其實是「中支海軍航空隊」之誤譯。

日軍對中國內地的戰略轟炸

日軍為摧毀中國軍民抵抗意志，戰爭初期即組織對內地的戰略轟炸。

抗戰初西北重鎮蘭州就是蘇聯援華物資主要中轉地、中國空軍訓練基地，1938 年 2 月在此組建第 8 戰區司令部。據中國資料記載，最早 1937 年 11 月 5 日有日機 7 架來襲。12 月 4 日日本海軍木更津航空隊 11 架 96 陸攻從北平起飛，轟炸蘭州東郊拱星墩機場（北平—蘭州空距 1200 公里，96 陸攻航程逾 4000 公里）。1939 年底日本陸海軍聯合實施 100 號作戰計劃轟炸蘭州，出動陸軍第 60 飛行戰隊 51 架轟炸機，海軍第 1、2 聯合航空隊 63 架轟炸機，日機以運城為基地連續 3 天以百架規模轟炸蘭州，投彈 1600 多枚。

1938 年 2 月 18 日，海軍木更津航空隊佐多直大率 9 架 96 陸攻從南京飛越 1200 公里，轟炸重慶以東 12 公里的廣陽壩機場，中國資料記為日軍首次轟炸重慶，日機投彈 12 枚、傷 3 人。12 月 26 日陸軍第 1 飛行群下屬第 60 飛行戰隊 12 架 97 重爆、第 98 飛行戰隊 10 架意式重爆從漢口起飛轟炸重慶，因重慶上空大霧未達成。

圖 17　日機首次侵犯重慶的報導：1938 年 2 月 18 日日本海軍航空 9 架 96 陸攻襲擊廣陽壩機場，報導內容顯示日機飛行沿途宜昌、巴東、奉節、萬縣以及成都等地均有預警報告。戰後日本陸軍資料《中國事變陸軍作戰史》稱海航轟炸因天氣原因未遂，本年 12 月 26 日從漢口起飛的陸軍第 1 飛行群 22 機是首次轟炸重慶。本報導證實日軍首次轟炸重慶應當是 2 月 18 日。

　　1939 年 5 月 3 日日本海軍第 2 聯合航空隊所屬第 13、14 航空隊 45 架 96 陸攻從漢口起飛轟炸重慶，4 日再出動 27 架 96 陸攻，兩天轟炸造成重慶市區 6000 多人傷亡。

　　1940 年日軍大本營決定加大對重慶、成都轟炸。由中國方面艦隊參謀長井上成美策劃，海軍第 1 聯合航空隊司令山口多聞、陸軍第 3 飛行集團長木下敏擔任指揮實施 101 號作戰計劃，自 5 月起發起為期 3 個月的集中轟炸。海軍調集第 1 聯合航空隊鹿屋、高雄航空隊，第 2 聯合航空隊第 12～15 航空隊，共計 96 陸攻 108 架、零戰 36 架，以漢口、孝感、運城為基地。陸軍調集第 3 飛行群下屬第 60 飛行戰隊 97 重爆 36 架，直屬部隊 97 司偵 11 架、97 戰 9 架，以運城為基地。日本方面統計，101 號作戰海軍出動 54 批、3651 架次，陸軍出動 21 批、904 架次，共投放炸彈 27107 枚、2957 噸。其中對首要目標重慶市內的轟炸有海軍 1737 架次、陸軍 286 架次，投放炸彈 1405 噸。

8 月 19 日 140 架日機造成慘烈的「8.19 大轟炸」，海軍名機零式戰鬥機首次實戰。

　　1941 年 1 月日本海軍第 11 航空艦隊成立，為第一支艦隊級陸上航空部隊。由第 11 航空艦隊司令片桐英吉指揮再啟動 102 號作戰計劃，7 月 27 日 108 機轟炸成都。日本海軍調集第 21、22、24 航空戰隊（分別由原第 1、2、4 聯合航空隊改稱）180 架各式轟炸機發起大規模轟炸四川、重慶行動，高雄航空隊的 1 式陸攻首次實戰。轟炸機以漢口、孝感機場為基地，擔任護航的零戰使用荊門機場，共出動大編隊 20 次、投擲炸彈 15036 枚，其中重轟炸機 2050 架次。陸軍第 3 飛行集團的第 1 飛行群（運城基地）、第 3 飛行群（荊門基地）配合參戰出動 97 重爆 19 架、99 輕爆 38 架、戰鬥機偵察機 57 架。因顧忌影響日、美談判，大本營令 102 號作戰於 8 月底停止。

　　1944 年 12 月 19 日，日本陸軍飛機轟炸重慶東北的梁山縣、萬縣、開縣，是戰爭期間日機最後一次轟炸重慶、成都地區。

侵華日軍海航飛機 16 種

　　1931～1945 年間日本海軍生產戰鬥機、轟炸機、攻擊機、偵察／巡邏／觀測機、運輸機計有 52 種／3.29 萬架，以下僅列參加侵華作戰的 16 種海航飛機。

　　1. 中島 90 式艦上戰鬥機（90 艦戰、A2N），雙翼，580 馬力，時速 292 公里，航程 440 公里，7.7 毫米機槍 2、60 公斤炸彈，106 架。（括號內為該飛機簡稱或習稱、研發號，下同）

　　2. 中島 95 式艦上戰鬥機（95 艦戰、A4N），雙翼，730 馬力，時速 352 公里，航程 850 公里，7.7 毫米機槍 2、90 公斤炸彈，221 架。

　　3. 三菱 96 式艦上戰鬥機（96 艦戰、A5M），632 馬力，時速 432 公里，航程 1200 公里，7.7 毫米機槍 2，990 架。

　　4. 三菱零式艦上戰鬥機（零戰、A6M），940 馬力，時速 556 公里，航程 3000 公里，7.7 毫米機槍 2、20 毫米機炮 2，10449 架。

　　5. 三菱 89 式艦上攻擊機（89 艦攻、B2M），雙翼，650 馬力，3 座，時速 228 公里，航程 1759 公里，7.7 毫米機槍 2、800 公斤炸彈，204 架。

　　6. 空技廠 92 式艦上攻擊機（92 艦攻、B3Y），雙翼，750 馬力，3 座，時速 218 公里，續航 4.5 小時，7.7 毫米機槍 2、800 公斤炸彈，128 架。

7. 空技廠 96 式艦上攻擊機（96 艦攻、B4Y），雙翼，860 馬力，3 座，時速 277 公里，航程 1574 公里，7.7 毫米機槍 2、800 公斤炸彈，200 架。

8. 中島 97 式艦上攻擊機（97 艦攻、B5N），770 馬力，3 座，時速 378 公里，航程 2260 公里，7.7 毫米機槍 1、800 公斤炸彈，1250 架。

9. 愛知 94 式艦上爆擊機（94 艦爆、D1A1），雙翼，460 馬力，2 座，時速 281 公里，航程 1050 公里，7.7 毫米機槍 3、280 公斤炸彈，162 架。

10. 愛知 96 式艦上爆擊機（96 艦爆、D1A2），雙翼，730 馬力，2 座，時速 309 公里，航程 1330 公里，7.7 毫米機槍 3、310 公斤炸彈，428 架。

11. 廣廠 95 式陸上攻擊機（95 陸攻／大攻，G2H），900 馬力×2，7 座，時速 244 公里，航程 2883 公里，7.7 毫米機槍 4、1500 公斤炸彈，8 架。

12. 三菱 96 式陸上攻擊機（96 陸攻／中攻、G3M），910 馬力×2，7 座，時速 350 公里，航程 4550 公里，7.7 毫米機槍 3、800 公斤炸彈，1048 架。

13. 廣廠 91 式飛行艇（H4H），800 馬力×2，6 座，時速 233 公里，航程 1260 公里，7.7 毫米機槍 3、500 公斤炸彈，47 架。

14. 橫廠 14 式水上偵察機（14 水偵，E1Y），雙翼，450 馬力，3 座，時速 178 公里，航程 1150 公里，7.7 毫米機槍 1、120 公斤炸彈，320 架。

15. 川西 94 式水上偵察機（94 水偵，E7K），雙翼，750 馬力，3 座，時速 239 公里，航程 2200 公里，7.7 毫米機槍 3、120 公斤炸彈，530 架。

16. 中島 95 式水上偵察機（95 水偵，E8N），雙翼，630 馬力，2 座，時速 299 公里，航程 898 公里，7.7 毫米機槍 2、60 公斤炸彈，750 架。

第18章　侵華日軍運輸、工兵、船舶部隊

　　日本陸軍空中運輸由陸軍航空部隊下屬輸送飛行隊承擔，大宗道路運輸、鐵路運輸、水上運輸分由野戰輸送司令部、鐵道輸送司令部（或編入野戰鐵道司令部序列）、船舶輸送司令部擔任，各輸送司令部編入軍以上部隊序列。

日軍輜重兵與野戰輸送司令部

　　日本陸軍輜重兵部隊擔任戰地軍械、彈藥、糧草、被服的運輸，輜重兵序列的建制單位包括輜重兵聯隊、獨立輜重兵聯隊、獨立輜重兵大隊、自動車聯隊、獨立自動車大隊、架橋材料中隊等。常設師團、特設師團、三聯隊師團轄輜重兵聯隊，八大隊師團、獨立混成旅團轄輜重隊。隊屬輜重兵聯隊2000～3000人，由若干挽馬中隊、駄馬中隊、自動車中隊搭配組建，挽馬中隊有馬250（配220公斤級輜重車）、人400，駄馬中隊有馬300、人430，自動車中隊有汽車36、人145。

　　軍以上司令部下轄獨立輜重兵聯隊、獨立輜重兵大隊、自動車聯隊、獨立自動車大隊，獨立輜重兵聯隊轄6個挽馬或駄馬中隊、約2500人，自動車聯隊轄4個中隊、各型汽車260輛、人員800。

　　軍以上司令部配置較多輜重兵部隊時組建野戰輸送司令部，二戰期間有第1～16野戰輸送司令部番號。1944年底第6方面軍直屬兵站部隊包括第13野戰輸送司令部（角和善助少將），下轄：自動車第22、24、37聯隊，獨立自動車第69、81大隊，獨立自動車第266、279、310、312、313中隊，第53

野戰道路隊。終戰時第 11 軍第 1 野戰輸送司令部（栗岩尚治少將）下轄部隊：兵站勤務第 101 中隊，自動車第 30〜35 聯隊，第 3 師團第 2 兵站輜重兵中隊，第 12 師團第 3、4 兵站輜重兵中隊，第 14 師團第 3、4 兵站輜重兵中隊。

　　野戰輸送司令部、輜重兵部隊承擔道路運輸，其線路保障歸工兵部隊，鐵路運輸、水上運輸業務因與線路保障業務密不可分，鐵路運輸部隊、水上運輸部隊劃歸工兵序列。

日本陸軍工兵部隊

　　日本陸軍工兵序列建制單位有：工兵聯隊、獨立工兵聯隊、獨立工兵大隊、船舶工兵聯隊、船舶通信聯隊、鐵道聯隊、獨立鐵道大隊、電信聯隊等。

　　常設師團、特設師團、三聯隊師團轄工兵聯隊，編制 3 中隊 1 器材小隊，人員 800〜900。八大隊師團、獨立混成旅團轄工兵隊。

　　獨立工兵聯隊、獨立工兵大隊編入軍以上司令部序列，按任務類型分為 6 種編制：

　　　甲編成————線戰鬥支援；

　　　乙編成——坑道、工事作業；

　　　丙編成——橋樑架設；

　　　丁編成——舟艇運輸、登陸，後定名為「陸軍船舶工兵」；

　　　戊編成——渡河工兵；

　　　己編成——裝甲機械作業；

　　　辛編成——遙控小型機械作業。

　　甲編成獨立工兵聯隊編制約同於師團工兵聯隊，轄 3 中隊 1 器材小隊，人員 800〜900。

　　二戰期間先後有 36 個獨立工兵聯隊、71 個獨立工兵大隊。終戰時中國派遣軍系統 3 個獨立工兵聯隊、3 個獨立工兵大隊，關東軍系統（中國東三省）4 個獨立工兵聯隊。

日本陸軍船舶裝備

　　二戰期間日軍基本沒有實行戰區的統一指揮，具體戰役特別是兩棲作戰須有陸海軍密切協同，唯有事先訂立陸海軍協定以就事論事處理。戰爭初期日本陸軍即自行承擔兩棲作戰的輸送任務。1938 年 10 月 9 日，日軍以馬公為集結地，出航大亞灣登陸攻佔廣州，首批部隊包括第 5 師團及川源七支隊、

第 104 師團一半、第 18 師團、第 21 軍部分軍直單位。新組建陸軍第 1 運送船團，運量達 40 萬噸，動用大型船 80 艘、小型船 180 艘、機動漁船 300 艘、漁船 200～250 艘、拖船 10 艘、載貨汽船 20～25 艘、摩托船 10 艘。例外情形是，淞滬作戰開始時陸海軍協定「以海軍艦艇迅速將第 3、11 師團送至目的地」(《中國事變陸軍作戰史》1 卷 2 分冊 8 頁)，這可能與海軍是淞滬作戰發難者、有求於陸軍支持有關。戰爭期間日本陸軍絕大多數的登陸作戰、水上作戰，海軍艦艇部隊只擔任戰鬥支持、護航，陸軍船舶部隊承擔海上運輸、上陸攻擊。

基於 1932 年淞滬作戰兩栖實戰體驗，陸軍以登陸作戰為目標開發研製自用艦船。陸軍艦船劃分為護衛空母、特殊船／揚陸艦、上陸用舟艇、攻擊舟艇、潛航艇五大類。

1. 護衛空母

用 15000 噸油船改裝的山汐丸，是陸軍噸位最大的艦船，1945 年入役 20 多天即被擊沉。

2. 特殊船／揚陸艦

(1)「舟艇母船」型登陸艦 10 艘

神州丸，甲型摩耶山丸、玉津丸、吉備津丸 (10000 噸級)，M 甲型攝津丸、日向丸，甲小型高津丸 (5000 噸級)，丙型秋津丸、にぎつ丸 (10000 噸級，直通飛行甲板)，M 丙型熊野丸。

(2)機動艇 (其他登陸艦艇)：特大汽艇，SS 艇，SB 艇 (海軍二等輸送艦 950 噸第 101 號型 22 艘改制)。

3. 上陸用舟艇

登陸艇「小發動艇」載兵員 30 名，建造 2000 艘；「大發動艇」載兵員 70 名、或輕戰車 1 輛加 20 人；34 噸級的「特大發」登陸艇。

4. 攻擊舟艇 (擔任登陸一線戰鬥支持)

裝甲艇、高速艇、驅逐艇、護衛艇、炮擊艇、肉搏攻擊艇等。

5. 潛航艇

三式潛航輸送艇相當於海軍的波 101 型「輸送潛艇」，排水量 500 噸以下，沒有魚雷發射管專事運輸業務，1943 年 12 月首艇完成，終戰時竣工 40 艘。

「舟艇母船」型登陸艦首艦神州丸 1935 年入役。神州丸排水量 8000 多噸，航速 20.4 節，裝備 75 毫米、20 毫米高炮各 4 門。標準配置是搭載「大發」7 艘、「小發」33 艘、裝甲艇 4 艘、91 式戰鬥機 6 架、93 式單發輕爆擊機或 94 式偵察機 6 架，可搭載 2 個步兵大隊人員與裝備至登陸海域，利用塢艙放出上陸用舟艇施行灘頭攻擊。神州丸的設計功能已相當於戰後的兩栖攻擊艦，為二戰美軍與日本海軍所沒有，噸位上也超過 1500 噸的日本海軍登陸艦「一等輸送艦」（一等輸送艦僅能在甲板上裝載 4 艘「大發」，利用艦艉斜坡投放水中）與 4080 噸的美國海軍 LST 坦克登陸艦。1937 年 8 月神州丸參與輸送第 10 師團登陸大沽口，11 月輸送第 10 軍部隊登陸杭州灣增援淞滬作戰，1938 年參加突襲大亞灣，1939 年 2 月參加攻佔海南島海口地區，11 月參加桂南作戰欽州灣登陸。1941 年 12 月馬來作戰時神州丸（化名龍城丸）是第 25 軍司令山下奉文座艦，載運第 5 師團從三亞出發登陸馬來半島。1942 年 2 月第 16 軍在爪哇島西端萬丹灣登陸，神州丸是軍司令今村均的座艦，遭遇美、澳軍艦襲擊，混戰中被日本最上號重巡洋艦魚雷擊中後坐灘。1944 年底修復後的神州丸改為運輸船，1945 年 1 月執行萊特島運輸任務返航時被美軍飛機、潛艇擊沉於高雄港外。

「4 式肉搏攻擊艇」，匿稱聯絡艇，是海上挺進戰隊制式裝備。該型艇 5.6 米長、1.5 噸排水量、主機 70 馬力、航速 23 節、續航 3.5 小時、裝炸藥 250 公斤，單人操作，生產 3000 多艘，有 1000 多艘毀於戰火未及使用。1945 年 1 月 9 日美軍登陸呂宋島林加延灣當晚，海上挺進第 12 戰隊出動 70 艘「4 式肉搏攻擊艇」，擊沉 20 多艘美軍艦船。

陸軍船舶部隊通過徵用商船承擔大宗補給運輸任務，最高時有 200 多萬噸位商船。

侵華日軍船舶部隊

1932 年淞滬作戰期間日本陸軍組建「丁編成工兵」擔任水上作戰保障，當時僅有大隊級的建制。「丁編成工兵」以後正式定名為「陸軍船舶工兵」，組建船舶工兵聯隊，擔任戰鬥支持與戰鬥勤務支持，先後有約 50 個船舶工兵聯隊，兵員曾達 18 萬。1940 年頒發的丁編成獨立工兵聯隊（船舶工兵聯隊）編制轄 3 個中隊 1 個材料廠，1050 人。

日本發動全面侵華戰爭時成立陸軍第 1 船舶輸送司令部專任水上作戰任

務，司令由陸軍運輸部長松田卷平轉任，參加攻佔南京城的第 2、3 碇泊場司令部就是隸屬第 1 船舶輸送司令部。第 1 船舶輸送司令部下設華北碇泊場監部、華中碇泊場監部、華南碇泊場監部，統管水上運輸，碇泊場監少將軍銜。

1940 年 6 月第 1 船舶輸送司令部改稱陸軍船舶輸送司令部。

1942 年 7 月撤消陸軍船舶輸送司令部，組建日本陸軍船舶司令部統管船舶運輸及作戰。船舶司令部駐廣島宇品港，軍級建制，直屬參謀本部。陸軍船舶部隊整編為：

船舶兵團（駐菲律賓宿務島，統轄上陸作戰部隊），

第 1 船舶輸送司令部（駐本土及朝鮮、臺灣），

第 2 船舶輸送司令部（駐上海，受中國派遣軍指揮），

第 3 船舶輸送司令部（先後駐新加坡、馬尼拉，受南方軍指揮），

陸軍船舶練習部、陸軍野戰船舶本廠等。

1942 年 11 月增設第 4 船舶輸送司令部（駐新不列顛島拉包爾，1944 年7 月撤銷），

1943 年 12 月設第 5 船舶輸送司令部（駐棉蘭老島達沃、擔任澳北作戰，1944 年調北海道小樽擔任北方作戰），

1945 年 1 月設第 7 船舶輸送司令部（擔任臺灣、沖繩作戰）。

規模較大的船舶輸送司令部設中間指揮機構——船舶群司令部。

1944 年 10 月船舶兵團調回本土、改編為教育船舶兵團。11 月新組建船舶炮兵群，轄船舶機關炮第 1、2 聯隊，船舶炮兵第 1、2 聯隊等。

陸軍船舶司令部歷任司令佐伯文郎、鈴木宗作、佐伯文郎，中將軍銜。船舶司令部從成立至終戰直屬參謀本部。作為陸軍省外設機構長官的陸軍運輸部長一直兼任第 1 船舶輸送司令部司令（1937～1942）、船舶輸送司令部司令、船舶司令部司令，這是日本陸軍特有的省、部交叉體制。

船舶輸送司令部司令少將軍銜，下轄船舶工兵聯隊、船舶通信聯隊、揚陸隊、海上輸送大隊、碇泊場司令部、野戰船舶廠、病院船等，按地域劃分支部。擔任全般戰鬥支持的船舶工兵聯隊可配屬到方面軍、軍司令部，司令部設船舶參謀。

1942 年 7 月成立日本陸軍船舶司令部時，下屬第 2 船舶輸送司令部編入中國派遣軍序列，或稱中國派遣軍第 2 船舶輸送隊，歷任司令澤田保富（1942.7）、田邊助友（1943.12）、伊藤忍（1944.2），終戰時第 2 船舶輸送司

令部編成：

　　船舶工兵第 29、33 聯隊，

　　船舶通信第 4 大隊（第 2 中隊欠），

　　第 65、67 碇泊場司令部，

　　海上輸送第 12 大隊，

　　水上勤務第 101 中隊，

　　特設水上勤務第 139、140、141、143 中隊，

　　第 6 野戰船舶廠。

　　第 2 船舶輸送司令部按地域設上海支部、南京支部、漢口支部，另有華南支部（白木久雄大佐）隸屬第 23 軍，下轄船舶工兵第 34 聯隊、第 64 碇泊場司令部、第 1 野戰船舶廠。

　　關東軍 1942 年 8 月設水上司令部統管水上運輸，關東軍築城部長河田末三郎少將轉任水上司令部司令，1945 年撤銷。

　　海運是日本陸軍兵力投放主要途徑。1937 年 11 月日軍從華北抽調部隊增援淞滬戰場，第 16 師團從石家莊乘火車至大連、經海路登陸長江白茆口。參加南京作戰後第 16 師團於 1938 年 1 月再經原路返回華北。太平洋戰爭開戰時南海支隊從小笠原群島母島海運 1600 公里攻佔關島，1942 年 1 月再越洋 2000 公里攻佔新不列顛島首府拉包爾。在美軍破交戰的打擊下，日本陸軍部隊的海運噩夢連連，死於海運的日本陸軍官兵逾 10 萬，船員 1.3 萬。最慘重的 1943 年 3 月 3 日俾斯麥海海戰：運送第 51 師團船隊在丹皮爾海峽（新不列顛島與新幾內亞島之間）南部遭 130 架美、澳飛機攻擊，全編隊 4 艘驅逐艦、8 艘運輸船沉沒，死亡 3664 人，裝備、物資全部落水，日本稱為「丹皮爾海峽悲劇」。侵華日軍最大一次海難是，1943 年 12 月 29 日在安慶附近美軍陸航飛機炸沉 3000 噸的霍山丸，第 3 師團的補充兵員 800 人死亡。

　　1945 年 5 月日軍大本營設置海運總監部，首次實行海上軍事運輸的統一管轄。海運總監是海軍大將野村直邦，參謀本部第 3 部長磯矢伍郎陸軍中將兼任海運總監部參謀長，海軍少將森下信衛任參謀副長，陸軍船舶司令部也有海軍任參謀副長。此時船舶、燃料、護航兵力均匱乏，海運總監部也無計可施。

第 19 章　侵華日軍鐵道部隊

　　1869 年（明治 2 年）日本國首開鐵路建設，1872 年新橋—橫濱鐵路開通，1877 年西南戰爭時期日本陸軍首次利用鐵路運送兵員與物資。1893 年陸軍輜重兵中佐大澤界雄（陸士舊 4）赴任德國駐在，期間研究德軍鐵道部隊組織與軍事運輸，回國後推動軍事鐵道專業建設，曾任參謀本部第 3 部長、日俄戰爭大本營運輸通信部長官。

　　1895 年 4 月《馬關條約》後日軍進佔臺灣，此時的臺灣島已有通車鐵路 100 餘公里，8 月日軍成立臨時臺灣鐵道隊，工兵中佐山根武亮（陸士舊 1）任隊長，這是日本陸軍有記載的第一支鐵道部隊。次年 10 月日本陸軍下令編組首支建制單位——鐵道大隊，工兵大佐吉見精首任隊長。1900 年義和團事件吉見精率鐵道大隊侵華，參加京榆鐵路作戰，八國聯軍進攻北京時病死軍中。

　　1904 年 2 月 8 日日俄戰爭爆發（俄國主持修建的東清鐵路已於 1903 年 7 月通車），3 月 1 日鐵道大隊長井上仁郎（陸士舊 7）率部出征，山根武亮少將任臨時軍用鐵道監（次年改稱鐵道監）。6 月成立滿洲軍總司令部時下設野戰鐵道司令部，指揮鐵道大隊及相關部隊。戰爭期間日軍續修朝鮮京城—釜山鐵路，新修京城—新義州鐵路，未經中國政府同意非法修築安東—奉天輕便鐵路。1905 年 3 月日軍攻佔奉天後控制東清鐵路奉天—旅順段，將軌距從 1524 毫米改為 1067 毫米。1906 年《中日會議東三省事宜正約》生效，日本獲取關東州租借地與南滿鐵路（東清鐵路寬城子—旅順段）、安奉鐵路權益。6 月 7 日天皇敕令成立南滿洲鐵道株式會社，7 月 13 日陸軍成立南滿洲鐵道設立委員會，參謀總長兒玉源太郎兼任委員長（10 天後兒玉源太郎死去，改

由陸軍大臣寺內正毅兼任）。日軍將南滿、安奉兩鐵路再改為 1435 毫米標準軌距。1907 年 4 月 1 日滿鐵正式開業，接管滿洲軍野戰鐵道司令部全部業務。

　　1914 年 9 月日軍進攻青島德軍時，獨立第 18 師團下設臨時鐵道聯隊。1918 年協約國干涉蘇俄時日本陸軍浦鹽派遣軍設西伯利亞派遣鐵道隊。1928 年 5 月日軍出兵山東時工兵少佐鴻澤又彥率鐵道第 2 聯隊一部參與行動。

　　九一八事變後中國東三省 5000 多公里鐵路全部淪陷，1935 年 3 月日本又以 1.4 億日元從蘇聯獲得 1800 公里中東鐵路權益，七七事變後中國關內 1.2 萬公里鐵路大部陷於敵手。日軍鐵道部隊控制、利用中國鐵路資源，參與軍事作戰、經濟掠奪，是日本侵華罪行的重要方面。鐵路軍事運輸對日軍作戰行動起著直接、重要的作用。1937 年 11 月日軍參謀本部下令調冀中的第 16 師團支持淞滬戰場，11 月 2 日東史郎所在步兵第 20 聯隊從寧晉縣步行 60 公里到石家莊乘火車，經北平出關到大連鐵路 1200 多公里，再登船經海路 900 多公里，17 日登陸長江白茆口。第 16 師團以完整建制投入淞滬作戰，12 月 1 日在下關、中山門一線進攻南京，佔領南京城後擔任初期警備，是「南京大屠殺」頭號元兇。1938 年 1 月第 16 師團仍經原路返回華北，歸建華北方面軍序列投入徐州作戰。

　　全面侵華戰爭期間，中國關內鐵路大部陷於敵手，一些線路遭戰爭破壞。平漢鐵路、粵漢鐵路、浙贛鐵路、湘桂鐵路始終處於交戰狀態，平漢鐵路鄭州黃河大橋雙方爭奪激烈，日軍未能完全修復控制，北平—漢口僅有短暫時間通行。日軍完全控制北寧鐵路、平綏鐵路、同蒲鐵路、正太鐵路、隴海鐵路東段、膠濟鐵路、津浦鐵路、京滬鐵路、滬杭甬鐵路滬杭段等，以及宜昌以下長江水路、沿海水路，鐵路與長江水路交通線的佔有狀態確定了關內戰場敵我態勢的大格局。

日軍鐵道部隊概況

　　日軍參謀本部第 3 部執掌運輸通信，七七事變前第 3 部下設運輸課鐵道班，1939 年後改為第 3 部鐵道課。鐵路交通與道路交通、水上交通、空中交通相比，其明顯特點是運載工具與承載線路的高度統合，日本陸軍兵科分為憲兵、步兵、騎兵、戰車兵、炮兵、工兵、輜重兵、航空兵，鐵道部隊兼有工兵與輜重兵專業業務，但鐵道部隊被歸屬於工兵序列（日本陸軍船舶輸送部隊亦歸屬於工兵序列，而汽車部隊歸屬於輜重兵序列）。

1907 年 9 月 18 日《軍令陸第 4 號》鐵道大隊升級為鐵道聯隊，1909 年編入近衛師團屬下的交通兵旅團（隸下鐵道聯隊、電信聯隊、氣球聯隊）。1917 年 8 月鐵道聯隊擴編分為鐵道第 1、2 聯隊，兩聯隊營地千葉縣都賀、津田沼之間建有訓練、演習專用鐵路。鐵道第 1、2 聯隊成立後仍置於近衛師團序列至 1937 年。最早 1896 年在近衛師團序列就曾設有鐵道隊，非戰時期日本陸軍為縮減管理層面，將一些獨立單位如野戰重炮兵旅團或聯隊、騎兵旅團或聯隊、工兵聯隊、鐵道聯隊等編入師團序列，屬代管性質。

九一八事變後，隨著侵略戰爭擴大相繼編成鐵道第 3～20 聯隊，二戰終結時本土 3 個聯隊，滿洲、朝鮮 3 個，中國關內 8 個，南方軍 6 個。

獨立鐵道大隊是次於鐵道聯隊的建制單位，二戰終結時有 23 個獨立鐵道大隊：本土 8 個，滿洲、朝鮮 11 個，中國關內 3 個，臺灣 1 個。

鐵道聯隊、獨立鐵道大隊具有綜合作戰能力，擔任專一任務的建制單位有鐵道輸送隊、鐵道工務隊、鐵道橋樑隊、鐵道材料廠、裝甲列車隊、停車場司令部、鐵道輸送司令部、特設鐵道司令部等。

1940 年日本陸軍《軍令陸甲第 55 號附表》頒發的鐵道聯隊平時編制規定，聯隊本部（含無線電班）69 人、4 個大隊各 564 人（每大隊轄 2 中隊、每中隊轄 4 小隊）、鐵道材料廠 194 人，合計 2519 人。鐵道部隊的任務規定為：鐵道佔領、鐵道修建工程、鐵道運輸、鐵道破壞與封鎖。

日本陸軍開發的主要鐵道用車有：

A／B 型、E 型、K1 型、K2 型、118 號、119 號蒸氣機車，91 式寬軌牽引車，95 式裝甲軌道車，97 式、100 式鐵道牽引車，95 式鐵道工作車，91 式、97 式輕貨車等。

1932 年列裝臨時裝甲列車／輕裝甲列車，12 節編組，配備 150 毫米榴彈炮 1 門、105 毫米加農炮 1 門、75 毫米高炮 2 門、13 毫米重機槍 2 挺、6.5 毫米重機槍 15 挺，乘員約 100。1934 年列裝 94 式裝甲列車／重裝甲列車，8 節編組，配備 105 毫米加農炮 2 門、75 毫米高炮 2 門、7.7 毫米重機槍 10 挺，乘員約 100。

1906 年日本實行鐵道國有，本土鐵道部隊主要承擔運輸任務，二戰末期設內地鐵道司令部，指揮本土所有鐵道部隊，包括鐵道第 2、16、17 聯隊，8 個獨立鐵道大隊，以及東京等 9 個地區鐵道司令部。

對外侵略戰場的鐵道部隊分為中國東北與朝鮮、中國關內、南方戰場三

大系統，最高指揮機構稱××野戰鐵道司令部，設於總軍或方面軍之下，野戰鐵道司令官少將軍銜。戰爭末期在關東軍設立了更高一級指揮機構大陸鐵道司令部，司令官中將軍銜。

圖 19　日軍 95 式裝甲軌道車，公路鐵路兩用（圖中可見軌道輪位於履帶內側），1935年入役，重 8.7 噸，正面裝甲 8 毫米，7.7 毫米重機關槍 1 挺，動力 84 馬力汽油機，公路時速 25 公里、鐵路時速 50 公里，乘員 6 人，生產 121 輛。

關東軍野戰鐵道司令部、大陸鐵道司令部

　　九一八事變爆發時日軍本土第 4、10 師團一部侵入東北，鐵道第 1 聯隊隨之出動。關東軍鐵道線區司令部設於 1931 年 3 月，歷任司令佐伯文郎、安達二十三（1934.6）、橫山靜雄（1935.8）、福島和吉郎（1936.8）。

　　1937 年 8 月撤銷關東軍鐵道線區司令部，改設關東軍鐵道隊。為適應全面侵華戰爭，關東軍鐵道隊又擴編為關東軍野戰鐵道司令部，歷任司令舞伝男、草場辰巳（1939.3）、橫山靜雄（1940.10）、木村經廣（1942.8）、鎌田銓一（1943.12）。

　　關東軍野戰鐵道司令部下轄關東軍第 1、3 鐵道隊。

　　關東軍第 1 鐵道隊轄第 1 鐵道監部，鐵道第 2 聯隊，第 2 鐵道材料廠。

　　關東軍第 3 鐵道隊轄第 3 鐵道監部，鐵道第 3、4 聯隊，第 3 鐵道材料廠，第 1、2 裝甲列車隊，第 105 停車場司令部等。

　　1944 年 8 月 11 日美軍收復關島標誌日本絕對國防圈斷裂，日軍大本營 9 月 18 日發布關東軍、朝鮮軍「對蘇持久作戰計劃」，進攻戰略被調整為防守戰略，規定蘇軍發起對日作戰時關東軍將以南滿、朝鮮為核心區域。關東軍野戰鐵道司令部隨之升格為大陸鐵道司令部，草場辰巳任司令、原關東軍野戰鐵道司令鎌田銓一任參謀長，下轄關東軍鐵道隊、朝鮮軍鐵道隊，統一指揮滿洲、朝鮮鐵道部隊（1945 年 6 月 18 日北部朝鮮第 34 軍編入關東軍序列，8 月 9 日南部朝鮮第 17 方面軍改隸屬關東軍）。草場辰巳（陸士 20）九一八事變時參謀本部運輸課長，後任溥儀政權交通部顧問、南京大屠殺第 16 師團步兵第 19 旅團長、第 2 野戰鐵道司令、關東軍野戰鐵道司令、關東防衛軍司令、北滿第 4 軍司令，侵華經歷近 10 年。日本投降後草場辰巳羈押西伯利亞，1946 年 9 月東京審判出庭作證前自殺。

　　1945 年初日本部署本土決戰，鐵道第 2 聯隊調回國，終戰時大陸鐵道司令部所屬部隊：

　　關東軍鐵道隊，司令仲克己（陸士 26），轄第 3 鐵道監部，鐵道第 3 聯隊第 2 大隊，鐵道第 4 聯隊（海城），獨立鐵道第 22、23 大隊，第 3 鐵道材料廠，第 6 特設工務隊，第 3 特設鐵道橋樑隊；

　　朝鮮軍鐵道隊，司令伊藤義郎（陸士 31），轄第 5 鐵道監部，獨立鐵道第 10、11、12、19、20、21 大隊，第 2 鐵道材料廠；

　　大陸鐵道司令部直轄鐵道第 19 聯隊（朝鮮），鐵道第 20 聯隊（滿洲），獨立鐵道第 15、17、18 大隊，第 1、2 裝甲列車隊。

　　九一八事變後中國東三省 5000 多公里鐵路淪陷，1935 年 3 月蘇聯又以 1.4 億日元將 1800 公里中東鐵路讓與溥儀政權。除個別軍用線路外，東北鐵路由南滿洲鐵道株式會社負責經營，日本政府授予關東軍對滿鐵的現地監督權。由軍方主導，滿鐵在東北修建新線近 5000 公里，其中有突出軍事意圖的鐵路是（1927 年田中義一內閣強索於張作霖的「滿蒙新五路」敦化—圖們、長春—大賚、洮南—索倫、延吉—海林鐵路包含在其內）：

　　1. 連接朝鮮通道：日俄戰爭後日軍建成安東—奉天鐵路，1907 年鴨綠江鐵路橋通車，構成滿洲、朝鮮經海路到日本本土的運輸通道。1933 年 8 月日本將原有長春—敦化鐵路延長至圖們，又從敦圖線朝陽川站引出，經龍井到圖們上游 40 公里的開山屯（朝開線），形成此處兩條進入朝鮮通道。

　　原有遼源—梅河口鐵路基礎上修建四平—遼源鐵路、梅河口—通化—輯

安鐵路，1939 年構成四平—輯安線，是第四條進入朝鮮通道。

2. 東部邊境：1937 年完成圖們—牡丹江—佳木斯鐵路，又修建從圖佳鐵路林口站經雞西、密山至虎林縣的虎林鐵路。圖們以東 40 公里是邊境琿春縣，自南向北有琿春守備陣地及五家子（琿春縣）、東寧、鹿鳴臺（綏芬河南）、綏芬河、觀月臺（綏芬河北）、半截河（雞東縣）、廟嶺（密山縣）、虎頭（虎林縣）8 處築壘地域，圖佳鐵路、虎林鐵路構成其後援，佳木斯還是東北邊境鳳翔（今蘿北）築壘地域、富錦守備陣地的後援。

3. 北部邊境：滿鐵續修齊齊哈爾—克山鐵路的泰安（今依安）至克山段，延長呼蘭—海倫鐵路經北安至克山。再自齊克鐵路寧年站（今富裕）向北至墨爾根（今嫩江）霍龍門，自海克鐵路北安站向北經孫吳延至黑河。這些線路以後依次改稱哈爾濱—北安線、北安—黑河線、齊齊哈爾—北安線、寧年—霍龍門線（今富西鐵路富裕—嫩江段）。1941 年又從濱北鐵路綏化站引出修通綏化—佳木斯鐵路。除營業鐵路外，1937 年日軍修建了墨爾根—黑河軍用鐵路。黑河以南的孫吳縣一度是第 4 軍司令部駐地，成為北部邊境霍爾莫津、璦琿西崗子、黑河、法別拉 4 處築壘地域指揮中心與屯兵重地。

4. 西部邊境：1937 年 9 月長春—白城子—索倫—阿爾山鐵路竣工，1941 年 5 月再延至杜魯爾。阿爾山位於大興安嶺西麓，築有守備陣地，設阿爾山駐屯隊。

5. 控制熱河、逼近北平：1933 年 3 月日軍侵佔熱河省，4 月即開工修建錦縣—承德鐵路以控制熱河，1938 年 4 月錦承鐵路延長至古北口與通縣—古北口鐵路接軌。

華北與蘇皖浙省日軍第 2 野戰鐵道司令部

戰爭期間日占華北與蘇皖浙省連成一片，1938 年在北平組建的第 2 野戰鐵道司令部全般擔任此地區鐵道作戰，但在蘇皖浙省專設華中鐵道隊。

1937 年 7 月 11 日日本內閣決定出兵中國，關東軍鐵道第 3 聯隊屬首批出動入關部隊。8 月第 5、6、18 師團侵入平津地區時，又有鐵道第 2 聯隊隨行。8 月 31 日成立華北方面軍司令部，設方面軍鐵道隊指揮所有鐵道部隊。日軍佔領北平、天津後，進攻態勢大體沿平綏鐵路、平漢鐵路、津浦鐵路方向，充分利用鐵路運輸兵員、裝備。日軍計劃佔據平漢鐵路、津浦鐵路、隴海鐵路（鄭州—徐州段）全線後，再貫穿長江水路，即可控制中國關內核心地

區，淞滬大戰的爆發變更了日軍的侵犯方向。

淞滬戰場日軍於 10 月底成立華中方面軍司令部，12 月設方面軍鐵道隊（第 3 鐵道隊），隊長佐藤質工兵大佐，初轄鐵道第 1 聯隊（缺第 2 大隊），第 7、10、11 師團輸卒隊，第 10、18、24、25 停車場司令部等。侵華戰爭期間華北地區一直是日軍華北方面軍作戰地域，1939 年 9 月在上海成立直屬中國派遣軍的第 13 軍，作戰地域是蘇皖浙寧滬地區（1942 年前徐州地區屬華北方面軍）。第 2 野戰鐵道司令部統一指揮該兩地區鐵道部隊，但另設華中鐵道隊，以第 4 鐵道監部兼任，擔任隴海鐵路以南蘇、皖、浙省鐵道作戰，終戰時轄鐵道第 13 聯隊、鐵道第 14 聯隊（蚌埠）等。

1938 年徐州作戰期間，日軍華中派遣軍沿津浦鐵路北上，5 月 19 日佔領徐州，華北方面軍從徐州沿隴海鐵路西進，6 月 7 日佔領鄭州以東 40 公里中牟站，至此華北及蘇、皖、浙省鐵路已基本被日軍佔據。中國軍隊對鄭州黃河鐵路橋的破壞以及花園口黃河水患阻止了西線日軍南下行動，6 年後日軍才能勉強打通平漢鐵路，加以中國軍隊及時拆毀粵漢鐵路南段、浙贛鐵路，關內南方戰場侵華日軍大致只能維持蘇皖浙省、鄂湘贛省、粵省廣州周邊與海南島三大塊的局面。

佔領徐州後日本陸軍成立第 2 野戰鐵道司令部，編入華北方面軍序列。第 2 野戰鐵道司令部初期部隊包括鐵道第 6 聯隊，第 27、28、49、51、64、66 停車場司令部，第 11 裝甲列車隊，第 2 鐵道輸送司令部等，擔任華北及蘇、皖、浙省鐵路作戰。第 2 野戰鐵道司令始由關東軍野戰鐵道司令舞伝男兼任，1938 年 10 月後歷任司令沼田德重（1938.10）、橫山靜雄（1939.3）、服部曉太郎（1940.10）、村治敏男（1942.6）、鎌田銓一（1945.1）。

日軍佔據的華北、蘇、皖、浙鐵路初由滿鐵華北事務局、上海事務局經營。1939 年 4 月，日本政府指令在北平設立華北交通株式會社，接手經營華北地區北寧線、通古線、平漢線北段、津浦線北段、膠濟線、正太線、南同蒲線、平綏線、道清線、兗濟線等。在上海設立華中振興株式會社子公司華中鐵道株式會社，經營南京梁鴻志政權蘇皖浙京滬地區津浦線、滬寧線、江南線（南京—蕪湖—孫家埠）、淮南線、滬杭線、蘇嘉線、浙贛線東段 1200 餘公里鐵路運輸以及區域內公路運輸。1942 年 1 月日軍設置汪兆銘政權「蘇淮特別區」（治所徐州，1944 年 1 月改「淮海省」），該地從華北方面軍管轄改劃為第 13 軍（司令部上海）作戰地域，4 月起隴海鐵路東段及以南鐵路線都歸

華中鐵道株式會社管轄。華中鐵道株式會社管轄境內的京贛鐵路孫家埠—貴溪段已完成的基礎工程被中國軍隊拆除，日軍佔領後未及修復；滬杭甬鐵路曹娥江鐵路橋未完工，杭州錢塘江大橋被中國軍隊炸斷，日占期間始終沒有完全恢復。1942 年第 13 軍發起浙贛作戰，由大同第 26 師團與運城第 37 師團抽調兵力組成的小蘭江混成旅團編入第 13 軍，經 2000 多公里鐵路投送杭州，擔任從諸暨攻佔武義、麗水、溫州。關東軍第 1 鐵道監高崎祐政少將率鐵道第 2、4 聯隊部分兵力編入第 13 軍序列，7 月 1 日西線第 11 軍第 34 師團、東線第 13 軍第 22 師團在浙贛鐵路橫峰站會合，玉山—金華間鐵道設施與器材遭日軍破壞或劫掠至金華以北日軍控制區。

戰爭期間華北交通株式會社、華中鐵道株式會社在軍方主導下新修築近千公里鐵路，主要線路有：

1. 日軍佔領北平後即動工修建通縣—古北口鐵路，1938 年初竣工，4 月古北口—承德線通車後形成北平—瀋陽第二通道。

2. 續修北同蒲鐵路並改為 1435 毫米標準軌距，至大同西南平旺與平綏鐵路接軌。1938 年 10 月動工，次年 4 月竣工。

3. 新鄉—開封鐵路：1938 年 6 月日軍南下進攻鄭州受阻，10 月決定開闢新鄉—開封鐵路，從平漢線新鄉南小冀站經陽武縣、太平鎮，過黃河故道到開封，次年 5 月通車。新開鐵路連接平漢鐵路北段、隴海鐵路東段兩線，戰爭期間成為日本劫掠華北煤炭出口通道。

4. 清末正太鐵路修通後便屢有續修石家莊—德縣鐵路動議，都因資金拮据而擱置。石德鐵路對於華北鐵路網絡的意義自不待言，七七事變前日軍已開展有關調查並擬定修建方案，1940 年 6 月石家莊—德縣鐵路正式動工，次年 2 月竣工。修建正太鐵路當時因考慮工程艱巨採取窄軌方案，石德鐵路開工前日本已將正太鐵路改為標準軌距，石德鐵路的通行溝通了同蒲鐵路、平漢鐵路、津浦鐵路、膠濟鐵路幹線。

5. 淮南鐵路改建、水家湖—蚌埠鐵路新建

淮南鐵路自淮南礦區田家庵經合肥、巢湖至長江北岸裕溪口，全長 214 公里，1936 年 1 月通車，主要用於淮南煤炭轉長江水運。1938 年徐州作戰後日軍侵佔淮南礦區與淮南鐵路，1940 年華中鐵道株式會社接手修復淮南鐵路以劫掠淮南煤炭。1944 年日軍在田家庵以南的水家湖車站修建通往蚌埠車站的鐵路線 60 公里，淮南煤炭運輸改接入津浦鐵路。水家湖站以南淮南鐵路路

段被部分拆除，轉用於修築水家湖─蚌埠鐵路。

　　1943 年底日軍擬定打通大陸交通線作戰計劃，12 月第 2 野戰鐵道司令部設立派遣鐵道監部，組織重兵修復平漢鐵路鄭州黃河鐵路橋，由加藤肇大佐指揮鐵道第 6 聯隊（隊長小玉鐵太郎）等，第 11 裝甲列車隊第 3 中隊、野戰重炮兵第 6 聯隊 2 門九二式 105 毫米加農炮、第 74 野戰高炮大隊擔任掩護、警戒。1944 年 1 月 21 日首次修復通車的新橋被中國特種部隊破壞，日軍鐵道部隊調來先進的架橋機搶修完工。4 月 14 日始，華北方面軍第 12 軍第 110、第 62 師團等乘車由此渡河，第 37、第 27 師團由中牟縣渡過新黃河。駐包頭的戰車第 3 師團 250 多輛戰車經 2000 公里鐵路運輸到達新鄉南，4 月 20 日過黃河投入許昌、洛陽作戰。日軍 5 月 1 日佔領許昌，5 日佔領郾城。南路日軍第 11 軍獨立步兵第 11 旅團自信陽北上，5 月 3 日佔領確山，9 日與第 12 軍第 27 師團在確山會合，至此日軍佔領平漢鐵路南段。

　　此後黃河鐵路大橋又遭反覆破壞、修復。1944 年 8 月 3 日始，中國空軍中美混合團（Chinese-American Composite Wing of the Chinese Air Force）的 B-25 轟炸機以陝西省機場為基地多次轟炸黃河鐵路橋，1945 年 3 月 10 日中美混合團轟炸機最後一次炸斷黃河鐵路橋，日軍直至投降未能修復。1944 年 10 月 10 日，日軍曾開行北平─漢口間列車近兩個月，為七七事變以來首次。

　　為大陸打通作戰，日軍特成立中國派遣軍第 1 野戰鐵道隊，以第 2 野戰鐵道司令部兼任，初隸屬華北方面軍，次年改為直屬中國派遣軍，華北交通株式會社則於 1945 年 4 月改制為華北交通團，由華北方面軍直接控制。第 1 野戰鐵道隊／第 2 野戰鐵道司令部直轄鐵道第 6 聯隊（上海）、鐵道第 18 聯隊（開封），獨立鐵道第 13、14、16 大隊，第 11 裝甲列車隊，以及獨立的鐵道工務隊、鐵道橋樑隊、特設鐵道工作隊、鐵道材料廠等。

　　第 1 野戰鐵道隊／第 2 野戰鐵道司令部另轄華中鐵道隊，以第 4 鐵道監部兼任，擔任隴海鐵路以南蘇、皖、浙省鐵道作戰，終戰時轄鐵道第 13 聯隊、鐵道第 14 聯隊（蚌埠）等。

鄂湘贛省日軍第 4 野戰鐵道司令部

　　以武漢為中心的湖北、湖南、江西地區日軍鐵道部隊指揮機關先後是第 11 軍第 3 鐵道隊、第 4 野戰鐵道司令部（兼任中國派遣軍第 2 野戰鐵道隊），戰爭末期作戰行動延伸至兩廣地區。

1938 年 10 月日軍佔領武漢，第 11 軍司令部進駐漢口，作戰地域鄂、湘、贛，曾指揮 1939 年南昌、隨棗、第一次長沙作戰，1940 年棗宜作戰，1941 年上高、第二、三次長沙作戰，1942 年浙贛作戰，1943 年鄂西、常德作戰。原華中方面軍鐵道隊改編入第 11 軍序列，稱第 3 鐵道隊，部隊包括鐵道第 1 聯隊等，第 3 鐵道隊長由鐵道第 1 聯隊長兼任。戰爭初期中國方面已拆除境內平漢鐵路、大冶鐵路、粵漢鐵路（拆除至湖南株洲）、南潯鐵路。1939、1941 年第 11 軍三次發起長沙作戰南下進犯均被阻於粵漢鐵路新牆河站一線。1939 年 4 月日軍修復大冶鐵路以劫掠鐵礦資源。

1939 年 3 月日軍第 11 軍自九江南下佔領南昌，南潯鐵路沿線淪陷。1942 年浙贛作戰時第 11 軍第 34 師團自南昌向東攻擊，7 月 1 日在浙贛線橫峰站與第 13 軍第 22 師團會合，日軍破壞、劫掠鐵道器材與設施，分別退回南昌、金華地區。

1944 年初日軍計劃發起大陸打通作戰，包括打通平漢鐵路、粵漢鐵路、湘桂鐵路（衡陽—柳州段）目標，5 月第 11 軍司令部進入湖南作戰，在武漢另成立第 34 軍。8 月成立第 6 方面軍司令部，統一指揮第 11、34 軍、廣州地區第 23 軍，以及 9 月從關東軍調入湖南的第 20 軍（1945 年 3 月第 23 軍從第 6 方面軍序列解除，6 月第 34 軍調朝鮮咸興）。

第 11 軍前出湖南後，日本陸軍在武漢組建第 4 野戰鐵道司令部，編入第 6 方面軍序列，歷任司令佐藤質（1944.2）、久保禎三（1945.1），轄鐵道第 1、3、12、14、15 聯隊等。

1944 年 5～8 月長衡作戰時，粵漢鐵路株洲—耒陽段、湘桂鐵路均被中國軍隊拆除。日軍鐵道部隊擔任打通湖南境內粵漢鐵路作戰，桂柳作戰時第 11 軍沿湘桂鐵路侵入廣西，11 月 10 日佔領湘桂鐵路通車終點柳州，12 月 10 日第 11 軍第 22 師團在南寧以南扶綏與自越南諒山北上攻擊的南方軍第 21 師團會合。

柳州日軍第 11 軍繼續西進，11 月 15 日佔領黔桂鐵路宜山站，11 月 20 日第 13 師團自宜山沿黔桂鐵路攻擊前進，12 月 2 日進抵黔桂鐵路通車終點貴州省獨山，破壞、銷毀沿途軍用物資及鐵路交通設施後退回廣西。

戰爭末期第 4 野戰鐵道司令部下屬鐵道 14 聯隊調華中鐵道隊，鐵道第 3 聯隊隨第 47 師團北調滿洲終止在濟南。第 4 野戰鐵道司令部所屬主要部隊還有鐵道第 1 聯隊（株洲）、鐵道第 12 聯隊（長沙）、鐵道第 15 聯隊（部分在粵漢線南段）。

廣東、海南島日軍鐵道部隊

日本陸軍在廣東地區最高指揮機關相繼是第 21 軍（1938.9）、華南方面軍（1940.2）、第 23 軍（1941.6），曾直屬中國派遣軍或大本營，1944 年 8 月至 1945 年 3 月期間第 23 軍隸屬第 6 方面軍。

1938 年 10 月日軍佔領廣州、武昌，粵漢鐵路多段被中國軍隊破壞或處於交戰狀態，只剩株洲—曲江段尚能繼續運行。廣東境內潮汕鐵路、新寧（新寧—新會）鐵路在 1939 年日軍侵佔前被拆除，太平洋戰爭爆發後廣九鐵路全面淪陷。

1939 年鐵道第 5 聯隊編入華南日軍序列擔任鐵道作戰。日軍兩度北犯企圖佔據粵漢鐵路：1939 年 12 月第 21 軍第 104 師團沿粵漢線出擊，攻陷源潭、英德並修復廣州郊區至滃江口 140 多公里線路，終被中國軍隊擊退；1940 年 5 月日軍再次北犯，僅止於源潭、從化一線即退回廣州郊區。

1940 年 9 月第 5 師團一部侵入法屬印度支那，鐵道第 5 聯隊一部隨後進駐。太平洋戰爭爆發後鐵道第 5 聯隊調南方軍參加修築泰緬鐵路。

1945 年 1 月 11 日日軍南北兩路發起粵北（湘粵贛邊）作戰，北路第 20 軍第 68 師團沿粵漢鐵路南下攻擊耒陽—郴縣段，第 40 師團自粵漢鐵路以西攻擊郴縣—坪石段，南路第 23 軍第 104 師團自清遠縣銀盞坳北上陷英德、曲江，第 4 野戰鐵道司令部所屬鐵道第 15 聯隊一部參戰，至 1 月 27 日粵漢鐵路耒陽—銀盞坳 400 餘公里陷於日軍第 20、23 軍。4 月 18 日日軍決定放棄所佔湘桂鐵路、粵漢鐵路南段沿線，將華南戰場 6 個師團調往上海南京一線，兵力銳減的第 11 軍部隊從廣西撤至湖南，第 23 軍部隊收縮至廣州周邊。由於鐵路線不能使用，調往上海南京地區的日軍第 3、第 13、第 27、第 34、第 40、第 131 師團需要步行至長江轉水運，直到日本宣布投降時才勉強抵達長江邊岳州、九江附近。

海南島鐵路唯一由日本海軍修建、管理。1939 年日軍侵佔海南島後，陸軍勢力僅限於海口地區，且於 1945 年 4 月全部撤出，島上大部為海軍佔領並開發。日軍侵佔海南島當年修建了石碌—八所鐵路和八所港碼頭，以掠奪石碌鐵礦。1943 年建成榆林—北黎鐵路，接通石八鐵路，均使用 1067 毫米軌距。日本海軍海南警備府施設部主持海南島鐵路設計、施工修建，建成後由施設部下設的鐵道事務所管理。日本海軍的設營隊擔任鐵道工程施工，設營隊是海軍的野戰工程建制單位，編制約千人，配步槍、輕機關槍、重擲彈筒等輕武器。

亞太戰場其他地區日軍鐵道部隊

除以上所述外，其他侵略戰場的日軍鐵道部隊有：

南方軍下轄第 3 野戰鐵道司令部，後改稱南方軍野戰鐵道司令部，擔任南亞、東南亞大陸地區鐵道作戰，終戰時轄鐵道第 5 聯隊（曼）、第 7 聯隊（越南）、第 9 聯隊（緬甸）、第 10 聯隊（越南）、第 11 聯隊（緬甸），第 4、5 特設鐵道隊等。大陸鐵道作戰最重要事件是 1942～1943 年南方軍第 2 鐵道監部主持修築泰緬鐵路，投入鐵道第 5、9 聯隊等部隊 1 萬多人，工程及其艱難，致參加施工的盟軍戰俘、勞工死亡逾 10 萬。

各島嶼日軍鐵道部隊包括爪哇島第 16 軍第 4 鐵道輸送司令部，蘇門答臘島第 25 軍鐵道司令部，呂宋島第 14 方面軍鐵道第 8 聯隊、第 6 鐵道輸送司令部。

第 20 章　侵華日軍特務機關與特務人員

　　日本陸海軍在華情報、間諜、滲透、策反工作可以追溯到 1873 年，陸軍省當年向中國派遣 8 名情報軍官，首任臺灣總督樺山資紀海軍大將時為陸軍少佐，被派往華南、臺灣。山縣有朋任參謀本部長期間桂太郎主持參謀本部管西局（負責中國關內、朝鮮地區作戰與情報）5 年，1878 年始先後派遣小川又次、福島安正 10 餘人以武官、語學研究生名義赴華，回國後編成《鄰邦兵備略》、《支那地志》等。

　　甲午戰爭始，至九一八事變時日本在華持久駐軍：

威海衛佔領軍（1895.11～1898.6）；

清國駐屯軍／中國駐屯軍（1901.6～1937.8，京榆鐵路）；

關東總督府／關東都督府／關東軍（1905.6～1945.9）；

中清派遣隊／華中派遣隊（1911.12～1922.7，漢口）；

青島守備軍（1914.11～1922.12）；

上海陸戰隊／上海海軍特別陸戰隊（1927.8～1945.9）；

侵略青島、濟南、膠濟鐵路日軍第 10 師團（1927.5～1927.8）；

侵略青島、濟南、膠濟鐵路日軍第 6、14、3 師團（1928.4～1929.8）。

　　與上述在華駐軍緊密相關的是日軍持續、系統的特務工作，涉及中國軍事機構雇員、中國要人顧問、特務機關、使館附武官、駐在武官、中國研究員、興亞院等機構與人員，是長期侵華活動與戰爭的重要方面。

1945 年中國政府最初擬定日本戰犯名單時將政治、軍事負責者除外,「僅以本莊繁、土肥原賢二、板垣征四郎、谷壽夫、東條英機、橋本欣五郎、和知鷹二、畑俊六、影佐禎昭、磯谷廉介、酒井隆、喜多誠一等 12 名,皆以特務工作之惡貫滿盈者為主也」(《蔣介石日記》1945 年 10 月 14 日),顯示日本特務軍人對中國傷害之深、對侵華戰爭影響之大。

日軍特務機關釋義

舊日本陸軍組織習慣分為軍隊、官衙、學校、特務機關四類:

軍隊——即作戰部隊;

官衙——包括陸軍省、參謀本部、工廠、研究所;

學校——陸軍大學校、補充學校(陸軍士官學校等)、實施學校(步兵學校等);

特務機關——外國駐在武官、元帥府、侍從武官府、軍事參議院等。

日本海軍組織類似分為軍隊、官衙、學校、其他四類。

「特務機關」在日本陸軍軍語中有另一含義,指陸軍作戰部隊在佔領地或擬佔領地設置的特殊軍事組織,擔任情報、交涉、滲透、策反、政務等。清末民初時,青木宣純(陸士舊 3)、坂西利八郎(陸士 2)長期任駐華公使館附武官、駐在武官、要員顧問,其工作班子亦稱「青木機關」、「坂西機關」。

維基百科關於特殊部隊組織「特務機關」命名的緣起稱,1918 年協約國干涉蘇俄時期日本浦鹽派遣軍在鄂木斯克、赤塔、雙城子、伯力、海參崴等處設置特別辦事機構,擔任軍事外交與收集情報。1919 年 2 月浦鹽派遣軍高級參謀高柳保太郎(陸士 3)命名鄂木斯克辦事機構為「鄂木斯克特務機關」。但日本陸軍資料「特務機關長」官職最早出現是 1906 年 8 月長春特務機關長守田利遠(陸士舊 8)。

1935 年 12 月 28 日中國駐屯軍參謀長永見俊德報告陸軍省新設「太原機關」,和知鷹二任太原機關長,用「和知公館名義」聯繫,非佔領地的特務機關以情報、滲透、交涉為主。設於佔領地的日軍特務機關則公開主持或參與政務,向下級行政區派駐「聯絡員」。

「特務機關」名稱也可能因任務而非正式賦予。《中國事變陸軍作戰史》1 卷 1 分冊 3 頁稱:「領導這一工作(指 1933 年日本關東軍進攻熱河前夕策

反北洋將領）的是以板垣征四郎少將為首的天津特務機關」，該書注解：「本書所提『特務機關』是當時常用的稱呼，它除作戰外還要進行政治、經濟工作，以及諜報、謀略等現地活動，任務是多方面的」。查板垣征四郎此時實際身份是關東軍附、溥儀政權執政顧問，1933 年 2 月 8 日以參謀本部附身份赴歐洲考察，日本陸軍資料都沒有板垣征四郎任天津特務機關長的記載。

　　特務機關可能使用「陸軍部」、「特務部」名稱。七七事變期間的北平、天津、張家口、太原、通州、濟南、青島特務機關在一些資料稱「××陸軍部」。中國派遣軍上海陸軍部由總參謀副長兼任部長，實為陸軍上海特務機關，因海軍在上海勢力大過陸軍，陸軍可能採取此種方式以抗衡。

圖 20　漢口至上海 1941 年 3～6 月《通行許可證》由漢口陸軍特務部、漢口海軍特務部聯合簽發，可能因為事主是「荷蘭公主輪」海員，相片鋼印只有「漢口海軍特務部」。日本陸軍資料只列「漢口特務機關」，表明漢口特務機關與漢口陸軍特務部兩種番號實際共用。圖中關防顯示是「漢口軍特務部」而非「漢口陸軍特務部」，為日本陸軍習慣用法：1878 年陸軍的軍令職能從陸軍省劃出而成立參謀本部，並不冠以「陸軍」，陸軍認為參謀本部是日本帝國的參謀本部，高於海軍一等。到 1933 年海軍軍令部才摘掉「海軍」的帽子，改稱軍令部，與陸軍平起平坐。

1937 年 8 月關東軍《對時局處理綱要》有「大特務機關」之說：河北、山東實行聯省自治，在北平設隸屬中國駐屯軍的大特務機關；晉北、察南政權合組並指導化德的德王政權，綏遠省併入，在張家口設隸屬關東軍的大特務機關。「大特務機關長通過顧問……從內部進行指導，對省以下的內政儘量不予干涉」（《中國事變陸軍作戰史》1 卷 1 分冊 238 頁），即特務機關之間有層次隸屬關係。

特務機關一般下設政務課、經濟課、治安課、情報課、特高課等。寧波《時事公報》1942 年 11 月 14 日刊「寧波特務機關畜牧場出售耕牛通告」，表明特務機關對民事的介入。

日本軍語「特務」一詞的其他含義，如海軍軍銜有「特務少尉／Engineering Ensign」，相當於「輪機少尉」，陸軍輜重兵部隊的「輸卒」九一八事變後改為「輜重兵特務兵」，相當於二等兵。

九一八事變前的日軍特務機關

1. 長春特務機關

日俄戰爭後日本駐軍關東州租借地與南滿鐵路沿線，南滿鐵路、東清鐵路以長春寬城子站為界，1906 年 8 月 8 日至 1910 年 11 月日本陸軍在中國大陸首設長春特務機關，機關長守田利遠炮兵中佐在任期間主持編撰三卷本《滿州地志》。

2. 奉天特務機關

日本陸軍資料載 1912 年 1 月 19 日設奉天特務機關，首任機關長高山公通（陸士舊 11）大佐，另一說是「1920 年日本在奉天設置了特務機關，任命貴志彌次郎為機關長」（戶部良一《日本陸軍與中國──「支那通」折射的夢想和挫摺》79 頁，金昌吉等譯，社會科學文獻出版社 2015 年）。奉天特務機關一直存在至日本戰敗。

3. 哈爾濱特務機關

為開展對俄國情報間諜工作，1917 年 2 月日軍設哈爾濱特務機關，黑澤準（陸士 10）中佐任機關長。日本參與協約國干涉蘇俄行動期間哈爾濱特務機關成為重要據點。

4. 滿洲里特務機關

建立情況不明，依田四郎（陸士 15）曾任機關長，甲級戰犯橋本欣五郎

大尉 1923 年 8 月～1927 年 9 月任機關員。

　　青島、濟南特務機關

　　1928 年 4 月日軍第 6 師團在青島登陸，旋即侵入濟南，設青島、濟南特務機關，青島特務機關長磯谷廉介中佐。

九一八事變後關東軍在東北的特務機關

　　九一八事變後至七七事變前，關東軍司令部設特務部（1932.5～1936.3），部長由關東軍參謀長兼任：橋本虎之助、小磯國昭、西尾壽造。

　　關東軍依溥儀政權行政區劃設置特務機關：1934 年 10 月設安東、奉天、錦州、吉林、熱河、間島、黑河、三江、龍江、濱江、興安東、興安西、興安南、興安北 14 省與新京、哈爾濱 2 特別市，1939 年增牡丹江、通化、東安、北安、四平 5 省及撤哈爾濱特別市，關東州租借地維持舊制。1934 年開始修築的 17 處大型邊境工事所在地亦設有特務機關。

　　1. 奉天特務機關，1931 年 8 月～終戰歷任機關長：土肥原賢二、三浦敏事、鹽澤清宣、池田純久、原田義和、浜田平、久保宗治、熱海三郎。

　　2. 哈爾濱特務機關，濱江省駐地，1931 年 8 月～1940 年 8 月歷任機關長：百武晴吉、土肥原賢二、小松原道太郎、安藤麟三、樋口季一郎、秦彥三郎、柳田元三。1940 年 8 月，以對蘇情報、滲透為主要業務的哈爾濱特務機關改編為關東軍情報部，機關長柳田元三少將任部長，繼任部長土居明夫是著名對蘇情報專家。關東軍情報部下屬單位由部分特務機關整合而成，包括間島（轄琿春出張所）、黑河、熱河、通化、佳木斯、興安、東安、海拉爾（轄滿洲里、三河出張所）、豐原、奉天（轄大連出張所）、牡丹江（轄綏芬河出張所）、齊齊哈爾支部。1945 年 8 月關東軍情報部下屬單位除奉天、黑河、佳木斯、承德、牡丹江支部外改編為關東軍第 1～3 特別警備隊。

　　（注：日本陸軍三級軍司令部內設機構兵器部、經理部、軍醫部、獸醫部、法務部，少數有設軍政部，其他稱為某某部的則是下級部隊，例如終戰時關東軍下轄兵事部、化學部、補給部、情報部、技術部、測量部、通信情報部、特種情報部、防疫給水部。）

　　3. 齊齊哈爾特務機關，龍江省駐地，機關長松室孝良、芝田經一。

　　4. 吉林特務機關，吉林省駐地永吉縣，1933 年 3 月～1937 年 12 月歷任機關長牧野正三郎、中野英光、森岡皋、高場損藏。1941 年 11 月～1942 年

8 月機關長小堀晃。

　5. 山海關特務機關，1933 年 1 月關東軍佔領榆關所設，1933 年 5 月～1936 年 4 月山海關機關長儀我誠也、竹下義晴。

　6. 海拉爾特務機關，興安北省駐地，境內有海拉爾築壘地域，1933 年 8 月至 1944 年 7 月機關長齋藤正銳、松崎直人、橫井忠道、櫻井鐐三、菅波一郎、小堀晃。

　7. 熱河特務機關：1933 年 3 月關東軍佔領承德所設，機關長松室孝良（1933～1936.10）。

　8. 密山特務機關：境內有廟嶺築壘地域，機關長長野義雄（1934.8～1935.3）。1939 年 6 月新設東安省，駐地密山縣境內「新密山」改稱東安，東安特務機關長安木龜二。

　9. 黑河特務機關：黑河省駐地，境內有法別拉築壘地域、黑河築壘地域、孫吳築壘地域。1934 年 12 月～1936 年 8 月機關長渋谷三郎、須見新一郎。1941 年 3 月 1 日始機關長武部松雄、陸路富士雄。

　10. 綏芬河特務機關，濱江省，境內有鹿鳴臺築壘地域、綏芬河築壘地域、觀月臺築壘地域。1935 年 3 月～1940 年 6 月機關長長野義雄、須見新一郎、今井龜治郎、土屋榮。

　11. 佳木斯特務機關，三江省駐地，1941 年 3 月～1945 年 1 月機關長鈴木康、廣瀨清。

　12. 通遼特務機關，1933 年初田中久，1940 年 3 月～1941 年 7 月機關長金川耕作。通遼有溥儀政權第 9 軍管區司令部，擔任興安南省、興安西省警備。

　13. 牡丹江特務機關，牡丹江省駐地，1940 年 6 月～1944 年 7 月機關長土屋榮、深堀遊龜、小松巳三雄、芝田經一。

　14. 大連特務機關，1940 年 12 月～1943 年 6 月機關長鵜飼芳男、小松巳三雄、芝田經一、小松巳三雄。

　15. 王爺廟特務機關，興安南省駐地。1941 年 7 月～1943 年 11 月機關長金川耕作。1943 年 10 月為新設興安總省駐地，改稱興安特務機關，仍為金川耕作。

　還有延吉特務機關、琿春特務機關、間島省特務機關、三河特務機關等。

　關東軍在關內銜接地設山海關特務機關，1935 年冀東政權成立時遷通州。

1933～1936 年關東軍附大迫通貞任天津駐在，以「青木公館」名義活動，聯繫天津租界的東北籍要員（天津另有中國駐屯軍系統的「天津特務機關」）。

九一八事變後中國關內日本陸軍特務機關

七七事變以前已有關東軍通州及察綏地區特務機關，中國駐屯軍下屬北平、天津、張家口、太原、濟南、青島等特務機關（亦稱陸軍部），全面侵華戰爭後逐漸形成察綏晉北、華北、滬寧蘇浙皖、鄂贛、華南 5 個特務機關係統，分別由當地侵略軍司令部統轄。

（一）察綏晉北地區特務機關

1933 年長城作戰始關東軍即圖謀向熱河省以西擴張，4 月驅使李守信偽軍進佔察哈爾省多倫縣成立察東政權。關東軍第 2 課喜多誠一、武藤章等策劃指揮，8 月熱河省的承德特務機關長松室孝良、赤峰特務機關長田中久在察綏之多倫、張家口、西蘇尼特、化德、西烏珠穆沁、阿巴嘎、歸綏等處設特務機關（《中國事變陸軍作戰史》1 卷 1 分冊 55～57 頁），參與策劃西蘇尼特蒙古軍政府、進犯綏遠省等，其中張北特務機關持續至七七事變後。1938 年始，察綏晉北特務機關屬於駐蒙兵團／駐蒙軍序列。

張家口特務機關：1934 年 8 月中國駐屯軍始設置，1935 年參與秦土協定談判。1938 年隸屬駐蒙兵團、駐蒙軍，1939 年德王政權自歸綏遷至此。歷任機關長松井源之助、大本四郎、吉岡安直、松井太久郎、酒井隆。1939 年 3 月改組為興亞院蒙疆聯絡部，酒井隆改任部長。

大同特務機關，晉北傀儡政府駐地，1937 年 10 月～1941 年 3 月存在，機關長羽山喜郎、田中實，1939 年鈴木接任。

綏遠特務機關，德王政權前期駐歸綏，1937 年 10 月～1940 年 3 月機關長桑原荒一郎、高場損藏、小倉達次。厚和特務機關，1943 年 8 月～1944 年 3 月機關長小倉達次（駐蒙軍情報部厚和支部長）。

化德特務機關，1939 年 1 月～1940 年 5 月機關長下永憲次。

七七事變後 8 月 9 日關東軍察哈爾派遣兵團攻佔張家口、大同、歸綏，11 月關東軍操縱成立「蒙疆聯合委員會」。日本陸軍中央為遏制關東軍擴張察綏晉北，下令撤銷察哈爾派遣兵團，組建直屬大本營的駐蒙兵團。1938 年 1 月 4 日《大陸命第 39 號》限定關東軍作戰地域是東四省，「蒙疆聯合委員會」歸駐蒙兵團指導。7 月駐蒙兵團改制為駐蒙軍，編入華北方面軍序列，察綏晉

北地區的張家口、大同、綏遠／厚和、化德等特務機關隸屬駐蒙軍。駐蒙軍司令部駐地的張家口特務機關居各特務機關之首，1939 年 3 月改組為興亞院蒙疆聯絡部，機關長酒井隆改任部長。

（二）華北地區特務機關

1937 年 8 月日軍組建華北方面軍，天津特務機關長喜多誠一少將任華北方面軍特務部長。1939 年 3 月特務部改組為興亞院華北聯絡部，長官喜多誠一。1941 年 4 月恢復華北方面軍特務部建制，歷任部長長嶺喜一、田島彥太郎、大橋熊雄、大本四郎。華北聯絡部撤銷後大東亞省北平駐在公使也是陸軍的鹽澤清宣、楠本實隆。

華北方面軍特務部下屬北平、天津、保定、太原、濟南、開封等特務機關管轄王克敏政權各地政務。

濟南特務機關始於 1928 年濟南事件，1939 年 12 月改稱山東省特務機關，包括德州、芝罘、益都（後遷張店）、濟寧（後遷兗州）、高密等下屬特務機關，歷任機關長石野芳男、中野英光、渡邊渡、河野悅次郎、大橋熊雄、瀧寺保三郎、藤井幸吉。

青島特務機關：1936 年 9 月～1939 年 3 月機關長谷萩那華雄、河野悅次郎、大本四郎、荻原直之。青島日軍以海軍為主，興亞院華北聯絡部青島出張所由日本海軍控制。

太原特務機關始於 1935 年 12 月，1937 年 8 月初撤銷，日軍佔領太原後再度設立，包括崞縣、陽泉、臨汾、運城、長治等下屬特務機關。歷任機關長和知鷹二、河野悅次郎、谷萩那華雄、井上靖、植山英武、石野芳男、大江庸吾。

北平特務機關 1935 年設立，曾任馮玉祥顧問的松室孝良（陸士 19）首任機關長，至 1938 年 2 月繼任機關長松井太久郎、吉野弘之、渡邊渡。1941 年3 月 1 日～終戰機關長松崎直人、原田久男、山田英男。（注：日軍佔領北平後改稱「北京」，現今日本陸海軍資料中只有「北京」而無北平，本書使用當時的中國地名而稱北平。）

天津特務機關：日軍中國駐屯軍司令部在天津，九一八事變後天津特務機關成為日軍侵入華北陰謀活動的主要據點，全面侵華戰爭後天津特務機關管轄北寧線廊坊—山海關沿線地區，津浦線天津—滄縣沿線地區，派出塘沽、唐山、山海關、滄縣聯絡員。歷任機關長茂川秀和、儀我誠也、喜多誠一、森

岡皐、柴山兼四郎、山下哲夫、雨宮巽、松井熊次郎。

河南省特務機關或稱開封特務機關，有新鄉、商丘等下屬特務機關。1938年3月～終戰機關長落合鼎五、臼田寬三、高田利貞、大澤侃次郎、山崎茂、石戶勇一。

河北省特務機關或稱保定特務機關，有唐山、石門、邢臺、邯鄲等下屬特務機關。1939年8月～1945年5月機關長塘真策、鈴木繁二、大本四郎、安永篤次郎。

（三）京滬蘇浙皖地區特務機關

日軍第13軍作戰地域京滬蘇浙皖設上海、南京、蘇州、杭州、蚌埠特務機關，1942年1月設「蘇淮特別區」（治所徐州，後改「淮海省」）與徐州特務機關。

1937年淞滬作戰期間上海派遣軍設特務部，總務班長楠本實隆主持。1938年2月上海派遣軍撤銷後由華中派遣軍特務部接替，部長原田熊吉。1939年3月興亞院在上海設華中聯絡部，海軍、陸軍分任正副長官，實為陸海軍分治，華中派遣軍特務部總務課長楠本實隆任華中聯絡部次長。1942年興亞院撤銷後設中國派遣軍上海陸軍部，總參謀副長永津佐比重、川本芳太郎先後兼任部長。

上海特務機關，1938年7月～1942年8月，機關長竹下義晴、前田正實、宮崎繁三郎。

蘇州特務機關，1938年12月～1939年9月機關長長島勤。

南京特務機關，1938年12月～1941年3月機關長秋山義隆、三國直福、原田久男。

蚌埠特務機關，1939年2月～1940年5月機關長原田久男、櫻庭子郎，汪兆銘政權安徽省駐地。1942年12月改稱日軍安徽省聯絡部，櫻庭子郎續任聯絡部長。

杭州特務機關，萩原直之中佐（陸士24）、渡邊一郎曾任機關長。

寧波特務機關，1941年4月～終戰期間機關長泉鐵翁（陸士27）、高畑洋平（陸士24）。

（四）湖北、江西地區特務機關

日軍第11軍作戰地域湖北、湖南、江西，第11軍司令部1944年前出湖

南、廣西後在漢口成立第 6 方面軍。湖北、江西有汪兆銘地方政權，設漢口、南昌特務機關。

漢口特務機關，1938 年 6 月～終戰，機關長森岡皋、柴山兼四郎、落合甚九郎、落合鼎五、福山寬邦。

南昌特務機關。

第 11 軍軍政部，1944 年 6 月攻佔長沙時成立，管轄各占領地維持組織。

（五）華南地區特務機關

華南日軍第 23 軍特務部 1941 年 6 月～1942 年 2 月存在，部長生田寅雄。特務部下設廣州特務機關、澳門特務機關。

廣州特務機關，1938 年 9 月 19 日～終戰機關長宮崎繁三郎（第 21 軍第 3 課長兼）、中野英光、矢崎勘十、松井真二。（注：日軍稱廣州為「廣東」，原因不詳，例如陸軍的廣東特務機關，海軍的廣東方面特別根據地隊、廣東警備隊，本書依實際情況改為「廣州」。）

澳門特務機關，1944 年 11 月～終戰，機關長澤榮作，1947 年 6 月處死。

6.1938 年 5 月日本海軍攻佔廈門，興亞院設廈門聯絡部，為海軍獨掌。興亞院撤銷後 1943 年 11 月～1945 年 6 月陸軍設廈門特務機關，機關長吉野弘之。

中國派遣軍下屬專項特務機關

1. 蘭機關：1938 年 3 月～1939 年 5 月存在，桂南作戰前後策反桂系將領，大本營附和知鷹二主持。

2. 梅機關，策劃建立汪兆銘傀儡政權，並整合南京梁鴻志政權、北平王克敏政權、張家口德王政權，影佐禎昭以參謀本部附、中國派遣軍附身份主持。1938 年 11 月影佐禎昭赴上海與中國派遣軍第 2 課長今井武夫同高宗武、梅思平開展談判，1939 年 4 月赴河內策劃汪兆銘轉移上海，自此梅機關即在上海北四川路開張直至 1940 年 4 月汪政權成立。

3. 竹機關：1939 年 6 月～1940 年 4 月存在。配合梅機關策反北平上層人士特別是吳佩孚出山，華北方面軍附川本芳太郎主持。

4. 菊機關：1939 年 4 月～9 月存在，在東南亞華僑中扶持親日人士、破壞抗日行動，汕頭駐在武官山本募主持。

5. 桐機關，1939 年 11 月～1941 年 3 月設於香港，香港駐在武官鈴木卓

爾主持，與疑似重慶要人者談判。

使館附武官，駐在武官，中國研究員，傀儡政權武官、顧問

1. 日本駐外武官正式名稱「某某國在勤日本帝國大使館附陸軍／海軍武官」，可能配置武官補佐官。1928 年日本公使館從北京遷往南京，北京設武官室。參與塘沽協定談判的永津佐比重，參與秦土協定談判的高橋坦，參與盧溝橋事件談判的今井武夫當時職務是大使館附陸軍武官、補佐官，或稱北京駐在武官、補佐官。

1928～1938 年期間使館附陸軍武官：本莊繁、建川美次、佐藤三郎、田代皖一郎（兼上海派遣軍參謀長）、鈴木美通、磯谷廉介、喜多誠一、原田熊吉。

1928～1938 年期間使館附海軍武官：杉坂悌二郎、北岡春雄、佐藤脩、本田忠雄。

2. 各國通例，駐外軍事人員都負有情報、滲透任務，日本在正式武官之外還向重要城市派「駐在武官」，其外交地位並不明確。1922～1924 年佐佐木到一任廣州駐在武官，孫中山攻打陳炯明時，佐佐木到一參與制定作戰計劃，200 餘張十萬分之一兩廣地形圖被他趁亂順走交參謀本部。日本駐廣州總領事天羽英二在公開場合評說佐佐木到一的活動，稱「駐在武官就是間諜」。七七事變前派有駐在武官的主要城市有上海、廣州、南京、天津、濟南、漢口、昆明、貴陽等。本莊繁、松井石根、岡村寧次曾任上海駐在武官，板垣征四郎曾任昆明駐在武官。

七七事變前日本海軍隨第 1 遣外艦隊或第 3 艦隊行動在漢口、南京、福州有駐在武官。

3. 1922 年始日本陸軍派遣「中國研究員」，或「中國駐在員」，大致是學習、業務兼顧的特務。《日本陸軍與中國——「支那通」折射的夢想和挫摺》278～279 頁載錄 1922～1936 年主要中國研究員 29 人，著名特務和知鷹二、楠本實隆、花谷正、田中隆吉、影佐禎昭、高橋坦、今井武夫都在其中。

4. 傀儡政權日軍武官、顧問包括汪兆銘政權最高軍事顧問、使館附陸海軍武官，溥儀政權軍政部最高顧問、使館附陸海軍武官，華北王克敏政權治安部軍事顧問等。

長春、南京以外的日軍佔領地設有日本外務省派出機構的，配置陸海軍

「在勤武官」。如 1943 年 8 月～1944 年 11 月中國方面艦隊參謀副長兼上海在勤海軍武官。華北海軍特務部撤銷後，其業務由北平在勤海軍武官久保田久晴、佐藤脩擔任。一則收藏品「廈門勸業銀行本票」（1943 年 7 月）以廈門特別市長、廈門日本總領事、廈門在勤海軍武官聯署（《孔夫子拍賣網》：http://www.kongfz.cn/4436035/），表明廈門在勤海軍武官是日本軍方在廈門政務方面的最高代表。

（1）華北方面軍軍事顧問部長／華北傀儡政權治安部軍事顧問（1938 年 7 月～1944 年 4 月）：永津佐比重、田島彥太郎、岩松義雄、大橋熊雄。

（2）汪兆銘政權最高軍事顧問（1940 年 4 月～終戰）：影佐禎昭、松井太久郎、柴山兼四郎、矢崎勘十、淺海喜久雄。1940 年汪兆銘政權軍事顧問：藤田利三郎、金澤正夫、代谷清志。

汪兆銘政權附陸軍武官：土橋勇逸、野田謙吾、落合甚九郎、唐川安夫、今井武夫。

汪兆銘政權附海軍武官：野村直邦、岩村清一、須賀彥次郎。

（3）溥儀政權大使由關東軍司令兼任。

溥儀政權軍政部最高顧問（1932 年 4 月～終戰）：多田駿、板垣征四郎、佐佐木到一、平林盛人、松井太久郎、中野英光、竹下義晴、河野悅次郎、楠本實隆、秋山義隆。

溥儀政權附陸軍武官：石原莞爾、矢野音三郎、遠藤三郎、秦彥三郎、吉岡安直、池田純久。

溥儀政權附海軍武官：柴田彌一郎、藤森清一朗、大島乾四郎、鈴木義尾、代谷清志、田結穰、桑折英三郎、松永次郎、丸茂邦則。

侵華日本海軍特務機構

1931 年 12 月 27 日小林省三郎海軍少將任滿洲特務機關長，次日改任他職，此後侵華日本海軍沒有「特務機關」番號，而稱為「海軍特務部」。

1939 年以後，關內戰場日本海軍整編為以陸上、海岸兵力為主，分別擔任華東海域與長江水域、華南海域、華北海域、海南島的駐防部隊，即上海地區中國方面艦隊司令部、上海特別陸戰隊、上海方面特別根據地隊，武漢地區揚子江方面特別根據地隊，青島地區青島方面特別根據地隊，香港地區第 2 遣華艦隊、香港特別根據地隊，廈門地區廈門方面特別根據地隊，海南

島海南警備府，以上各地設置海軍特務部。

上海海軍特務部：1937 年 12 月設中國方面艦隊上海臨時特務部。1938年 4 月軍令部情報部長野村直邦少將轉任上海臨時特務部長，兼梁鴻志政權附武官、上海在勤武官，興亞院成立後華中聯絡部取代上海臨時特務部。

青島海軍特務部：初設華北海軍特務部於北平，代理部長須賀彥次郎，華北特務部部員柴田彌一郎任青島特務部長。興亞院成立後華北海軍特務部撤銷，業務由北平在勤海軍武官擔任，柴田彌一郎轉任興亞院華北聯絡部青島出張所長。青島地區主要由日本海軍控制，1936 年 9 月～1939 年 3 月設有陸軍青島特務機關。

漢口海軍特務部：初設漢口臨時海軍特務部，1939 年 3 月改為漢口海軍特務部，與漢口陸軍特務部／漢口特務機關共同管轄政務。

華南海軍特務部：1938 年日軍第 5 艦隊侵入廣州，設華南海軍特務部，次年第 5 艦隊改稱第 2 遣華艦隊，1942 年第 2 遣華艦隊、廣東根據地隊均移駐香港。

海南島海軍特務部／海南警備府特務部：1939 年 2 月日本第 5 艦隊攻佔海南島南部，11 月第 5 艦隊情報部改為海南島特務部，1941 年 4 月海南警備府成立後海南島特務部成為其下屬，警備府參謀長井上保雄兼任特務部長，鎌田道章改任次長。1941 年 6 月始海南警備府特務部設政務局，政務局長為特務部實際主事，歷任海南警備府特務部政務局長藤原喜代間、溝口征。

廈門海軍特務部：1938 年 5 月日本海軍攻佔廈門，設第 3 根據地隊／廈門方面特別根據地隊（隸屬第 2 遣華艦隊）。廈門是日本海軍獨佔地盤，汪兆銘政權設「廈門特別市」，興亞院廈門聯絡部由海軍獨掌，興亞院撤銷後業務移廈門在勤海軍武官，陸軍保留有廈門特務機關。

海軍另一形式的特務是在勤武官與駐在。

上海在勤武官：岩村清一、近藤泰一郎，1943 年 8 月～1944 年 11 月中國方面艦隊參謀副長兼。

北平在勤武官：久保田久晴、佐藤脩。

廣州在勤武官：肥後市次。

七七事變前須賀彥次郎隨第 1 遣外艦隊或第 3 艦隊行動任漢口、南京、福州駐在，1937～1941 年以中國方面艦隊附名義任天津、北平駐在，代理華北海軍特務部長，上海在勤武官附。

日本內閣興亞院下屬聯絡部

1938 年 12 月日本內閣成立興亞院，處理中國佔領地政務、經濟、社會事宜，是「集日本從前在中國到處製造罪惡的種種特務機關之大成的一個總特務機關」（蔣中正公開談話）。首相近衛文麿任興亞院總裁，外相、藏相、陸相、海相任副總裁。興亞院所設 4 個聯絡部均由軍人執掌，重要城市天津、濟南、太原、開封、徐州、南京、漢口、廣州設派遣員事務所。興亞院的設置導致內閣與軍部矛盾、聯絡部與駐軍矛盾，遂於 1942 年 11 月撤銷，業務歸併大東亞省，但大東亞省北平、張家口駐在公使仍由陸軍擔任。

興亞院由總務長官柳川平助陸軍中將實際主事，1940 年 12 月後由政務部長鈴木貞一、及川源七陸軍中將代理。陸海軍分別獨得蒙疆聯絡部、廈門聯絡部，陸軍執掌華北聯絡部，但下設青島出張所歸海軍，華中聯絡部實際是兩個機構：海軍任長官、陸軍任次長。

華北聯絡部（駐北平）長官喜多誠一（原華北方面軍特務部長）、森岡皋。1941 年 3 月鹽澤清宣代理長官，興亞院撤銷時改任大東亞省北平駐在公使，1944 年 10 月楠本實隆接任至終戰。

華北聯絡部青島出張所長柴田彌一郎海軍大佐、多田武雄海軍大佐、緒方真記海軍大佐。青島出張所有陸軍大佐加治武雄任所員，興亞院撤銷時加治武雄為大東亞省青島總領事館館員。

華中聯絡部（駐上海）長官津田靜枝海軍中將、太田泰治海軍中將，華中聯絡部次長（陸軍）楠本實隆、及川源七、井上靖、落合甚九郎。

蒙疆聯絡部（駐張家口）長官酒井隆（原張家口特務機關長）、竹下義晴、岩崎民男。興亞院撤銷時岩崎民男改任大東亞省張家口駐在公使，1944 年 7 月八里知道接任至終戰。

廈門聯絡部長官（海軍少將）水戶春造、太田泰治、福田良三、原田清一，撤銷後原田清一任廈門根據地隊司令。

侵華日軍著名特務人物陸軍 59 人、海軍 13 人

本節輯錄著名特務人物陸軍 59 人、海軍 13 人，依畢業期數為序，其中注明「重要戰犯」的陸軍特務 30 人、海軍特務 3 人，其履歷參見第 25 章。

青木宣純（陸士舊 3），1897 年 10 月～1900 年 4 月駐清公使館附武官，袁世凱新建陸軍顧問，義和團事件期間聯軍佔領天津後出任民政長官，清國

駐屯軍參謀，此後又三次任駐清公使館附武官，袁世凱顧問、黎元洪顧問，參與中國政府外交、軍事決策，在華 20 餘年。

坂西利八郎（陸士 2），1904 年應聘為北洋新軍練兵顧問兼北洋督練公所總翻譯官，辛亥革命後派為北京駐在，歷經北洋政府袁世凱、黎元洪、馮國璋、徐世昌、黎元洪、曹錕、段祺瑞七任總統（執政），臺前幕後參與中國政府外交、軍事決策，日本輿論稱為「七代興亡的不倒翁」。1927 年入預備役，1938 年作為外務省代表派往中國參與策反北洋系上層。

菊池武夫（陸士 7）、松井石根（陸士 9），重要戰犯。

本莊繁（陸士 9），北京、上海駐在，參謀本部中國課長，張作霖顧問，公使館附武官，九一八事變關東軍司令，甲級戰犯提名，1945 年 11 月 20 日自殺。

秦真次（陸士 12），皇姑屯事件奉天特務機關長。

佐藤三郎（陸士 14），公使館附武官輔佐官，上海、濟南駐在武官，公使館附武官。1935 年預備役後華北新民學院、新民會任職。

多田駿（陸士 15），板垣征四郎、土肥原賢二、磯谷廉介（以上陸士 16），岩松義雄（陸士 17），重要戰犯。

重藤千秋（陸士 18），公使館附武官補佐官，廣州駐在武官，1929 年參謀本部中國班長、中國課長、臺灣守備隊司令，以重藤支隊番號參加淞滬會戰，1940 年任滿洲勞工協會理事長，1942 年亡。

佐佐木到一（陸士 18），重要戰犯。

喜多誠一（陸士 19），1928 年始任參謀本部中國班長、南京駐在、上海派遣軍情報課長、關東軍情報課長、參謀本部中國課長，1936 年 3 月起連續 4 年任大使館附武官、天津特務機關長、華北方面軍特務部長、興亞院華北聯絡部長官，再任第 14 師團長、第 6 軍司令、第 12 軍司令、第 1 方面軍司令至終戰。1937 年 12 月主持合併華北維持組織和冀東傀儡政權成立王克敏政權（晉冀魯豫平津 4 省兩市）。

松室孝良（陸士 19），齊齊哈爾、承德、北平特務機關長，參與關東軍察綏擴張活動。

酒井隆（陸士 20），重要戰犯。

渋谷三郎（陸士 20），黑河特務機關長，1936 年預備役，溥儀政權牡丹江省長、治安部次長，日本投降後自殺。

樋口季一郎、百武晴吉（以上陸士 21），重要戰犯。

松井太久郎（陸士 22），七七事變北平特務機關長、主持談判。張家口特務機關長、溥儀政權軍政部最高顧問、汪兆銘政權最高軍事顧問、中國派遣軍總參謀長、第 13 軍司令。

小倉達次、鈴木貞一、原田熊吉、森岡皋（以上陸士 22），重要戰犯。

高場損藏（陸士 23），吉林特務機關長、德王蒙古軍顧問、綏遠特務機關長。

竹下義晴、永津佐比重（以上陸士 23），重要戰犯。

根本博（陸士 23），七七事變前歷任中國研究員，南京、上海駐在武官，1937 年 9 月始任華北方面軍附、特務部總務部長、參謀副長，1939 年任興亞院華北聯絡部次長，1939 年底始任第 21 軍參謀長、華南方面軍參謀長、關東軍第 24 師團長、關東軍第 3 軍司令、駐蒙軍司令，1945 年 8 月 19 日兼任華北方面軍司令，全程參與侵華戰爭。

及川源七（陸士 23），中國研究員，興亞院華中聯絡部次長，興亞院總務長官代理。

中野英光（陸士 24），吉林、濟南、廣東特務機關長，溥儀政權軍政部最高顧問。

秋山義隆（陸士 24），南京特務機關長，末任溥儀政權軍政部最高顧問。

楠本實隆、柴山兼四郎、秦彥三郎（以上陸士 24），重要戰犯。

河野悅次郎（陸士 25），太原、青島、濟南特務機關長，溥儀政權軍政部最高顧問。

大城戶三治、三國直福、吉岡安直、櫻庭子郎（以上陸士 25），重要戰犯。

落合鼎五（陸士 26），河南省特務機關長，漢口特務機關長，終戰本土第 225 師團長。

矢崎勘十（陸士 26），廣東特務機關長、香港總督部總務部長、汪兆銘政權最高顧問。

宮崎繁三郎（陸士 26），中國研究員，廣州駐在武官，第 21 軍第 3 課長兼廣州特務機關長，上海特務機關長，終戰緬甸第 54 師團長。

和知鷹二（陸士 26），1928 年濟南事件濟南特務機關長，太原特務機關長，蘭機關長，終戰南方軍總參謀副長。

落合甚九郎、影佐禎昭、鹽澤清宣、花谷正、田中隆吉（以上陸士 26），

高橋坦（陸士 27），重要戰犯。

　　岩崎民男（陸士 27），蒙疆聯絡部長官，大東亞省張家口駐在公使，終戰朝鮮第 111 師團長。

　　土居明夫（陸士 29），著名蘇聯情報專家，參謀本部歐美課俄國班長、俄國課長，張鼓峰事件、諾門坎事件期間蘇聯駐在武官，參謀本部作戰課長，1943 年關東軍情報部長、第 13 軍參謀長。據資料記載，蘇聯遠東軍曾指名索要引渡土居明夫。

　　大橋熊雄（陸士 29），山東特務機關長，華北方面軍特務部長、王揖唐政權治安部顧問。

　　淺海喜久雄（陸士 29），多倫、張北特務機關長，參與關東軍察綏擴張活動，末任汪兆銘政權最高軍事顧問。

　　大本四郎（陸士 30），張家口、青島、河北特務機關長，華北方面軍特務部長。

　　今井武夫（陸士 30），七七事變北平駐在武官補佐官，參與談判，終戰中國派遣軍總參謀副長，芷江洽降代表。

　　渡邊渡（陸士 30），中國研究員，北平、張家口、九江駐在武官，1937～1939 年北平、濟南特務機關長，華北聯絡部政務局長、華北聯絡部次長，終戰華北方面軍參謀副長。

　　川本芳太郎（陸士 31），興亞院調查官，竹機關長，汪兆銘政權軍事顧問，中國派遣軍情報課長，終戰中國派遣軍總參謀副長兼上海陸軍部長。

　　鈴木卓爾（陸士 34），香港駐在武官、主持桐機關，參謀本部中國班長、中國課長，1944 年 7 月任第 43 師團參謀長在塞班島兵敗自殺。

　　小林省三郎（海兵 31），1931 年 12 月 27 日滿洲特務機關長、少將，中國駐在，溥儀政權駐在，1933 年 4 月駐滿海軍部司令官。

　　津田靜枝（海兵 31），1923～1926 年公使館附海軍武官，1930 年始第二遣外艦隊司令、旅順要港部司令、駐滿海軍部司令、興亞院華中聯絡部長官。

　　佐藤脩（海兵 35），公使館附武官，1943 年 10 月～終戰北平在勤武官。

　　野村直邦（海兵 35），重要戰犯。

　　久保田久晴（海兵 36），公使館附武官補佐官，天津駐在，1941～1943 年北平在勤武官。

　　水戶春造（海兵 36），廈門聯絡部長官（1939.3）、1940 年預備役。

太田泰治（海兵 37），首任海南島根據地隊司令，廈門聯絡部長官、華中聯絡部長官，第 3 南遣艦隊司令，1944 年預備役。

本田忠雄（海兵 37），大使館附武官、上海臨時特務部長，1939 年預備役。

岩村清一（海兵 37），重要戰犯。

須賀彥次郎（海兵 38），漢口駐在、南京駐在、福州駐在、天津駐在、北平駐在，1938 年始海軍華北特務部長代理、梅機關海軍代表、上海在勤海軍武官附、汪兆銘政權軍事顧問，1941 年 2 月與大角岑生同機死去。

福田良三（海兵 38），重要戰犯。

柴田彌一郎（海兵 40），溥儀政權附武官、駐滿海軍部參謀，1938 年 11 月華北海軍特務部部員駐青島，1939 年 3 月首任華北聯絡部青島出張所長，終戰第 2 南遣艦隊司令。

藤原喜代間（海兵 45），兩度任公使館附武官補助官 5 年，最早參與 1933 年《塘沽協定》談判，1941～1943 年任海南警備府特務部政務局長。

1945 年 9 月中國政府即著手擬定日本戰犯名單，曾強調懲處惡貫滿盈的日本陸軍特務。最初有一個 20 人戰犯名單，蔣中正親自圈定重犯 12 人，又特別點名喜多誠一、和知鷹二、影佐禎昭，其主要罪孽應是喜多誠一主持華北特務系統長達 4 年，和知鷹二參與濟南事件以及策反桂系將領，影佐禎昭策劃汪兆銘政權。但 1947 年公布重要戰犯時不知何故喜多誠一、和知鷹二竟不在列。

第 21 章　侵華日軍憲兵部隊

　　1881 年 1 月大山巖任陸軍卿期間仿法國軍制設憲兵科，各鎮臺組建憲兵部隊。1901 年日本清國駐屯軍成立，1905 年關東總督府陸軍部成立，日本憲兵隨之侵入中國大陸。

　　日軍憲兵在對外侵略戰爭中擔任佔領區治安維持、武裝巡邏、交通管制、諜報偵察，以及監視民眾、鉗制思想、鎮壓反抗組織，是臭名昭著、罪孽深重的邪惡部隊。

　　日本戰敗投降後日軍憲兵成為千夫所指，1945 年 12 月 2 日盟軍最高統帥部的甲級戰犯嫌疑逮捕名單列入憲兵頭目上砂勝七、大野廣一、木下榮市、納見敏郎。日軍中國派遣軍總參謀副長今井武夫回憶：1946 年 7 月初中國派遣軍總司令部人員乘船回國，戰俘僑民遣返即將結束，今井武夫暫留南京擔任總聯絡組長，稱中國以「尚未查明戰犯嫌疑為理由，在上海留下了岡部直三郎大將以下將官為主的高級將領和憲兵等 1117 人，在漢口、廣州、河南等地留下了憲兵 1000 人，不准乘船」，直到年底「除部分指定為戰犯者外，大都與聯絡組一起歸國」。1945～1948 年中國軍事法庭處死的 149 名日本戰犯中，就有憲兵 71 人（據 1966 年 12 月日本法務大臣官房司法法制調查部資料）。

日本憲兵規制與概況

　　日本憲兵由內閣陸軍大臣管轄，承擔陸海軍部隊警察職責，兼掌國家行政警察、司法警察。本土憲兵執行軍事警察職責時受陸軍大臣或海軍大臣指

揮，執行行政警察職責、司法警察職責時分別受內務大臣、司法大臣指揮。
朝鮮、臺灣、關東州及南滿鐵路附屬地的軍事警察事務，分別受朝鮮軍司令、
臺灣軍司令、關東軍司令指揮，其行政、司法警察事務則分別受朝鮮總督、
臺灣總督及關東總督／關東局長官指揮。

　　1889 年成立（日本）憲兵司令部，1945 年時本土憲兵部隊組織關係是：
憲兵司令部（司令官陸軍中將）──××（對應軍管區）憲兵隊司令部
（司令官陸軍少將）──××地區（對應師團管區）憲兵隊（隊長憲兵大佐）
──憲兵分隊（隊長憲兵中佐及以下）。

　　海軍本土主要駐地橫須賀鎮守府、吳鎮守府、佐世保鎮守府、舞鶴鎮守
府、大湊警備府、大阪警備府初設憲兵分隊，1942 年後升格為憲兵隊。二戰
時海外侵略地多有陸海軍駐地隔絕情況，有的海軍駐地設置了「海軍特別警
察隊」。1942 年日軍佔領爪哇島後第 16 軍駐島西巴達維亞，第 2 南遣艦隊駐
島東泗水，特在泗水設置海軍特別警察隊行使憲兵職責。廈門自 1938 年 5 月
至日本投降時為日本海軍獨佔，次年設「廈門特別市」，組建日本海軍特別警
察隊。但「海軍特別警察隊」並未形成定制：1939 年日本陸海軍侵佔海南島，
陸軍僅佔有海口地區，海南島大部為海軍控制（1945 年 5 月始陸軍全部撤出
海南島），海軍首腦機關海南警備府駐三亞，第 23 軍華南派遣憲兵隊曾在三
亞設憲兵分隊。

　　日本陸軍憲兵學校擔任憲兵軍官、憲兵士官及憲兵上等兵教育，憲兵部
隊的一等兵、二等兵從陸軍其他部隊徵調配備。

　　憲兵是陸軍諸兵科之一，日本陸軍教育總監部設騎兵監部、炮兵監部、
工兵監部、輜重兵監部、化兵監部、通信兵監部、高射兵監部，但未設憲兵監
部。陸軍憲兵學校歸陸軍省管轄而不是陸軍教育總監部，憲兵業務建設歸口
憲兵司令部。

　　本土及殖民地憲兵亦稱敕令憲兵，侵略地憲兵則稱戰地憲兵或軍令憲兵。
戰地憲兵均受現地軍司令官指揮，師團等部隊在作戰行動時配有憲兵分隊。
戰地憲兵部隊一般組織關係是：
　　××憲兵隊司令部（司令官陸軍少將）──××憲兵隊（隊長憲兵大佐）
──××憲兵分隊（隊長憲兵中佐）──××憲兵分遣隊（隊長憲兵中佐以
下）。

戰後繳獲的侵略地日本憲兵檔案資料，有《陸軍軍事警察月報》、《海軍軍事警察月報》、《軍紀風紀月報》、《火災傳染病月報》、《軍事郵便檢閱週報》這樣涉及日軍內部管理的，大量月報、報告冠以「討伐」、「肅正」、「防諜」、「鐵道防諜實施」、「無線防諜」、「治安」、「國內情勢」、「謀略諜報」、「宣傳關係情報」、「思想對策」、「一般日鮮滿蒙人思想狀況」、「非軍郵軍人軍屬通信狀況」，表明日本憲兵在壓制佔領地民眾與鎮壓抗日組織方面的特殊作用。

1937 年時日本現役憲兵軍官 315 人、士官及士兵 6000 人以上。

終戰時日本憲兵官兵人數：本土、朝鮮、臺灣共 1.36 萬，中國東北 0.52萬，中國關內 1.18 萬，其他佔領地 0.54 萬，合計約 3.6 萬。終戰時日本有陸軍 540 萬，憲兵所佔比例為 0.67%，而中國關內日軍 105 萬，憲兵人數達1.12%。

關東軍直轄關東憲兵隊司令部

1905 年 9 月日本獲得關東州及南滿、安奉鐵路各項權利，在遼陽成立關東總督府，下設陸軍部領軍，當年 12 月即建組建關東憲兵隊。1919 年實行軍政分治，分設關東廳與關東軍司令部，關東憲兵隊成為關東軍下屬，隊長大佐軍銜及以下，1929 年 3 月～1932 年 8 月二宮健市憲兵大佐任關東憲兵隊長。關東憲兵隊在關東州及南滿鐵路、安奉鐵路沿線設置旅順、大連、遼陽、瀋陽、四平、長春、安東憲兵分隊。

1932 年 8 月關東憲兵隊升格為關東憲兵隊司令部，關東軍參謀長橋本虎之助少將首任司令官，繼任者：田代皖一郎（1933.8）、岩佐祿郎（1934.8）、東條英機（1935.9）、藤江惠輔（1937.3）、田中靜壹（1937.8）、城倉義衛（1938.7）、竹內寬（1940.3）、原守（1941.4）、加藤泊治郎（1942.8）、大野廣一（1943.1）、三浦三郎（1943.8）、大木繁（1944.10）。

九一八事變後，日軍憲兵隊的設置多依溥儀政權 19 省、1 特別市（1939年）及其他要地，計有長春、哈爾濱、奉天、齊齊哈爾、牡丹江、錦州、承德、延吉、間島、吉林、興安、通化、四平、北安、孫吳、佳木斯、東安、海拉爾憲兵隊，以及鞍山、雞寧（雞西）、阿爾山、大連等憲兵隊。

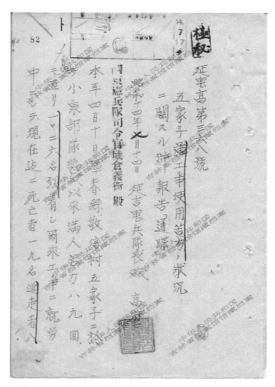

圖21　《五家子軍工事使用苦力狀況》首頁，延吉憲兵隊長磯高麿 1939 年 7 月 14 日呈送關東憲兵隊司令官城倉義衛。一般勞工應屬特務機關管理，此處「苦力」可能指憲兵隊關押的刑犯、抗日志士。五家子築壘地域位於琿春縣東南 20 多公里敬信鎮五家山，隔蘇聯國土臨日本海。五家子築壘地域完工後，1941 年 12 月組建第 9 國境守備隊駐守。琿春縣東北 100 多公里臨近海參崴另築有守備陣地，組建琿春駐屯隊駐守。

關內戰場日本憲兵組織

　　七七事變後侵入中國關內的日本憲兵分為華北派遣憲兵隊司令部、華中派遣憲兵隊司令部、華南派遣憲兵隊 3 個系統，分別隸屬華北方面軍、中國派遣軍、第 23 軍。

（一）華北派遣憲兵隊司令部

　　1901 年 6 月日本在天津組建清國駐屯軍（1912 年改稱中國駐屯軍），清國駐屯軍設憲兵長一職，憲兵大尉軍銜。

　　1936 年 4 月日本為應對華北局勢，在中國駐屯軍序列將兩個步兵聯隊擴編為中國駐屯步兵旅團，員額擴大致 5000 多人，同時正式組建中國駐屯憲兵隊，隊長大佐軍銜，下設北平、天津憲兵分隊，通州、塘沽、山海關、唐山等

處設憲兵分遣隊。

1938 年 8 月中國駐屯憲兵隊升格為中國駐屯憲兵隊司令部，直屬華北方面軍，1941 年 6 月改稱華北派遣憲兵隊司令部，終戰時兵力 4400。

中國駐屯憲兵隊司令部／華北派遣憲兵隊司令部歷任司令官：佐佐木到一（1938.8）、北野憲造（1939.9）、矢野音三郎（1940.7）、城倉義衛（1941.7）、三浦三郎（1942.8）、加藤泊治郎（1943.8）、重藤憲文（1945.8.10）。9 月 9 日中國戰區日本投降簽字典禮後重藤憲文被收審，由華北方面軍附本多武男少將代理司令至日軍遣返。

中國駐屯憲兵隊司令部／華北派遣憲兵隊司令部在華北佔領地中心城市分設北平憲兵隊、天津憲兵隊、張家口憲兵隊、太原憲兵隊、臨汾憲兵隊、濟南憲兵隊、青島憲兵隊、開封憲兵隊、鄭州憲兵隊、石門憲兵隊。

北平憲兵隊。

駐蒙憲兵隊（前身駐蒙臨時憲兵隊）／張家口憲兵隊，轄張家口、大同、朔縣、綏遠、包頭、蔚縣等憲兵分隊，宣化、（山陰縣）岱獄鎮、左雲、（集寧縣）平地泉、（土默特右旗）薩拉齊等憲兵分遣隊。

濟南憲兵隊，轄濟南、泰安、兗州、惠民、德縣等憲兵分隊。

太原憲兵隊，轄太原、忻縣、陽泉、汾陽等憲兵分隊。

鄭州憲兵隊，1945 年 1 月新設置。

天津憲兵隊，轄通州、秦皇島、山海關、塘沽等分隊，1943 年 8 月～1945 年 3 月曾降為北平憲兵隊天津分隊。

青島憲兵隊，轄水上分隊、（福山縣）芝罘、濰縣、張店等憲兵分隊，博山等憲兵分遣隊，1943 年 8 月～1945 年 3 月曾降為濟南憲兵隊青島分隊。

開封憲兵隊，1943 年 8 月編組華北特別警備隊時降為濟南憲兵隊開封分隊。

運城憲兵隊／臨汾憲兵隊，轄運城、臨汾、潞安等憲兵分隊，1943 年 8 月降為太原憲兵隊臨汾分隊。

石家莊憲兵隊／石門憲兵隊，轄望都等憲兵分隊，1943 年 8 月～1945 年 3 月曾降為北平憲兵隊石門分隊。

1943 年 8 月 24 日華北方面軍奉命在華北憲兵系統編組華北特別警備隊擔任特殊作戰，任務是「在華北方面對敵人的秘密組織和秘密活動進行偵察、摧毀等秘密戰鬥」，（本土）憲兵司令加藤泊治郎奉調任華北派遣憲兵隊司令

兼華北特別警備隊司令,華北派遣憲兵隊司令部除北平、濟南、太原、張家口 4 個憲兵隊外的其他憲兵隊因此而縮編為憲兵分隊。華北派遣憲兵隊司令部並非更名華北特別警備隊,而是兩者同時存在。華北特別警備隊下轄 5 個大隊和 5 個特別偵諜隊,兵力 1000 餘人,其下級部隊雖稱大隊—中隊,但裝備、員額與日本陸軍的步兵大隊—步兵中隊完全不同。關於日本戰敗投降時侵華戰場態勢,日本資料《昭和二十年的中國派遣軍》《大東亞戰爭全史》均未將華北特別警備隊列為作戰部隊。

1943 年 9 月 20 日至 1944 年 6 月 9 日華北特別警備隊進行第 1 期作戰,配合駐冀東獨立混成第 8 旅團、駐冀魯邊獨立混成第 9 旅團、駐冀南第 110 師團、駐平北第 63 師團行動,擔任收集情報、摧毀抗日組織。

1944 年 2 月華北特別警備隊增編 5 個大隊 1100 餘人,6 月 10 日至 1945 年 1 月 4 日進行第 2 期作戰。其後,天津、青島、石門憲兵分隊再升格為憲兵隊並新設鄭州憲兵隊(第 12 軍司令部已從濟南移駐鄭州),縮編後的華北特別警備隊集結於冀東地區。8 月 10 日加藤泊治郎奉調回國,駐河南第 115 師團步兵第 85 旅團長三宮滿治接任華北特別警備隊司令,華南派遣憲兵隊長重藤憲文接任華北派遣憲兵隊司令。

注:日本陸軍部隊番號系統的「特別警備隊」,除華北特別警備隊外還有關東軍第 1、2、3 特別警備隊,但後者淵源非憲兵系統而是特務機關係統:1940 年 8 月哈爾濱特務機關改編為關東軍情報部,統轄滿洲各地特務機關,1945 年 7 月底關東軍情報部部分下屬單位改編為關東軍第 1、2、3 特別警備隊,其中關東軍情報部奉天支部長久保宗治少將任第 1 特別警備隊司令。

(二)華中派遣憲兵隊司令部

1937 年 11 月 12 日日軍佔領上海,12 月 1 日在華中方面軍序列正式組建華中派遣憲兵隊司令部,後相繼直屬華中派遣軍、中國派遣軍,終戰時兵力 6200 餘人。

華中派遣憲兵隊司令部歷任司令官:大木繁(1937.12)、島本正一(1939.1)、十川次郎(1939.8)、大木繁(1941.3)、大野廣一(1943.8)、四方諒二(1945.4)。

華中派遣憲兵隊司令部在滬蘇皖浙鄂贛佔領地中心城市分設上海憲兵隊、南京憲兵隊、蘇州憲兵隊、蘇北憲兵隊、杭州憲兵隊、徐州憲兵隊、漢口憲兵隊、九江憲兵隊:

　　上海憲兵隊：1927 年 2 月中國內戰期間列強出兵上海，日本海軍陸戰隊一度達 4000 多人，設上海駐在憲兵，以憲兵大尉領銜，延續至七七事變。1937 年 8 月日軍上海派遣軍所部登陸吳淞投入淞滬作戰，上海派遣軍設中佐憲兵長一職。1938 年 1 月正式設置上海憲兵隊，轄滬北、滬東、滬南、滬西、崇明、浦東、新市街、水上等憲兵分隊，嘉定等分遣隊。

　　注：1940 年 12 月至 1944 年 11 月納見敏郎、四方諒二、木下榮市任上海憲兵隊長在一些資料中被誤稱「華中派遣憲兵隊長」，納見敏郎、木下榮市從未任華中派遣憲兵隊司令。

　　南京憲兵隊，轄蕪湖、鎮江、浦江、淮南、安慶、蚌埠、下關等憲兵分隊。

　　蘇州憲兵隊，轄蘇州、無錫、常州、常熟、宜興、崑山、江陰等憲兵分隊。

　　泰縣憲兵隊／蘇北憲兵隊，轄泰縣、揚州、高郵、南通等憲兵分隊，如皋、東臺等憲兵分遣隊。

　　漢口憲兵隊，轄漢口、武昌、應城、廬山、漢陽、信陽、咸寧等憲兵分隊，岳州、當陽、沙市等憲兵分遣隊。1945 年 7 月 26 日改編為第 6 方面軍憲兵隊。

　　九江憲兵隊，轄九江、南昌、（彭澤縣）石灰窯等憲兵分隊。

　　杭州憲兵隊，轄杭州、嘉興、寧波、湖州、金華等憲兵分隊，松江、溫州、福州等憲兵分遣隊。

　　徐州憲兵隊，1942 年 4 月從華北派遣憲兵隊司令部轉隸華中派遣憲兵隊司令部，轄徐州憲兵分隊，海州、碭山、宿縣、淮陰、宿遷等憲兵分遣隊。

　　第 6 方面軍憲兵隊，1944 年 8 月日軍在漢口成立第 6 方面軍司令部指揮華南作戰，為適應野戰行動，組建第 6 方面軍憲兵隊甲憲兵隊、乙憲兵隊。乙憲兵隊隨第 11 軍侵入廣西，桂柳作戰後設桂林、柳州、宜山等憲兵分隊，1945 年 8 月 16 日第 11 軍撤出廣西赴九江地區繳械，乙憲兵隊改稱第 11 軍憲兵隊。甲憲兵隊編入第 20 軍序列駐湖南，設長沙、衡陽、郴縣、寶慶、零陵、湘潭、株洲、耒陽等憲兵分隊。

（三）華南派遣憲兵隊

　　1938 年 9 月日軍組建第 21 軍執行攻佔廣州作戰，下轄第 21 野戰憲兵隊，隊長林清憲兵中佐。1940 年 3 月第 21 野戰憲兵隊改為華南派遣憲兵隊，

隸屬華南方面軍。1941 年 6 月華南方面軍撤銷，華南派遣憲兵隊隸屬新組建的第 23 軍，終戰時兵力 1100 餘人。

　　華南派遣憲兵隊歷任隊長（憲兵大佐）：林清、齋藤美夫（1940.8）、重藤憲文（1942.5～1945.8.10）。

　　華南派遣憲兵隊下轄廣州中、廣州東、廣州南、韶關、佛山、梧州、江門、曲江、汕頭、三亞等憲兵分隊。

　　日軍香港佔領地總督部由第 23 軍司令部兼任，下設香港憲兵隊，歷任隊長（憲兵中佐）：野間賢之助、金澤朝雄。

侵華日軍憲兵人物

　　憲兵重要人物東條英機（陸士 17）、佐佐木到一（陸士 18）、甘粕正彥（陸士 24）參見本書「重要戰犯」一章。

　　橋本虎之助（陸士 14），中將。九一八事變時參謀本部第 2 部長奉命赴奉天調查，後任關東軍參謀長、關東憲兵隊首任司令、陸軍省次官，1936 年預備役，溥儀政權參議府議長，日本投降後關押在西伯利亞，1952 年 1 月死於哈爾濱。

　　田代皖一郎（陸士 15），中將。曾任駐華使館附武官、一二八淞滬作戰上海派遣軍參謀長、關東憲兵隊司令、（本土）憲兵司令。1936 年 5 月任中國駐屯軍司令，七七事變數日後在天津死去。

　　城倉義衛（陸士 20），中將。1937～1940 年任關東憲兵隊總務部長、關東憲兵隊司令、陸軍憲兵學校長，後任華北派遣憲兵隊司令，1943 年預備役，1945 年 9 月在愛知縣自殺。

　　大木繁（陸士 22），中將。1935 年始歷任臺灣憲兵隊長、關東憲兵隊長、北平憲兵隊長，1941 始歷任華中派遣憲兵隊司令、關東憲兵隊司令，1947 年 4 月死於西伯利亞。

　　加藤泊治郎（陸士 22），中將，東條英機親信。1916 年自炮兵科轉入憲兵科，1934 年始歷任延吉憲兵隊長、奉天憲兵隊長、關東憲兵隊司令部總務部長、東京憲兵隊長、朝鮮憲兵隊長、憲兵司令部本部長、關東憲兵隊司令、（本土）憲兵司令，1943 年 8 月任華北派遣憲兵隊司令兼華北特別警備隊司令。1945 年 8 月 10 日調任本土東部軍管區兵務部長，途經朝鮮時被蘇軍捕獲，1951 年 2 月死於蘇聯。

三浦三郎（陸士 25），中將。曾任奉天憲兵隊長、華中派遣憲兵隊高級部員，1942 年 8 月始華北派遣憲兵隊司令、關東憲兵隊司令、駐山西第 114 師團長。

大野廣一（陸士 26），中將。1936 年 6 月始歷任天津憲兵隊長、華北憲兵隊總務部長、關東憲兵隊總務部長、關東憲兵隊司令、華中派遣憲兵隊司令，終戰時本土第 11 師團長，甲級戰犯嫌疑。

木下榮市（陸士 27），中將。中國駐屯憲兵隊司令部／華北派遣憲兵隊司令部總務部長，上海憲兵隊長，終戰時陸軍憲兵學校長，甲級戰犯嫌疑。

納見敏郎（陸士 27），中將。1938～1940 年任第 5 師團步兵第 41 聯隊長參加侵華作戰，後任上海憲兵隊長、陸軍憲兵學校長、臺灣憲兵隊司令，終戰時宮古島第 28 師團長。列名 12 月 2 日第 3 批甲級戰犯嫌疑逮捕令，納見敏郎 13 日在宮古島自殺。

重藤憲文（陸士 28），少將。1928 年從騎兵科轉入憲兵科，上海駐在憲兵（1931.5～1933.8），任華南派遣憲兵隊長 3 年多（1942.5～1945.8），8 月 10 日調任華北派遣憲兵隊司令，1947 年 8 月 9 日在廣州處死。

四方諒二（陸士 29），少將，東條英機親信。1927 年自步兵轉入憲兵科，1933 年始歷任（哈爾濱）伝家甸憲兵分隊長、關東憲兵隊司令部部員，1941 年 11 月、1944 年 11 月兩度任上海憲兵隊長，1945 年 4 月兼華中派遣憲兵隊司令。

第22章　日軍侵佔中國領土分省統計

　　1931 年 9 月 18 日時中國一級行政建制有遼寧、吉林、黑龍江、河北、山西、熱河、察哈爾、綏遠、河南、山東、江蘇、安徽、浙江、江西、福建、廣東、廣西、湖南、湖北、陝西、甘肅、寧夏、青海、新疆、四川、雲南、貴州 27 省，南京、上海、北平、天津、青島 5 院轄市，川邊特別區，西藏地方，蒙古地方，東省特別區，威海衛行政區，其中蒙古地方喀爾喀四大汗部、科布多、唐努烏梁海為蘇軍實際控制。

　　省以下轄 1800 餘縣，130 餘蒙旗，哈爾濱、濟南、杭州、漢口、廣州、昆明、成都、重慶 8 市。

　　1931 年 9 月 18 日至 1945 年 8 月 15 日期間中國行政建制主要異動有：1939 年 1 月川邊特別區正式建西康省，駐康定縣；1939 年 5 月戰時首都、四川省重慶市升格為院轄市；1942 年 12 月威海衛行政區建制撤銷；1935 年 6 月河北省府由天津移駐清苑縣；1936 年 10 月廣西省府由邕寧縣移駐桂林縣；新設包頭、陝壩、連雲、廈門、南昌、武昌、韶關（1943 年 12 月設，次年撤銷）、長沙、衡陽、桂林、自貢、貴陽、西安、蘭州、銀川 15 個省轄市。

　　1931 年九一八事變爆發，日本關東軍大舉侵犯中國領土，開啟 14 年侵華戰爭，至 1945 年 8 月 15 日日軍地面部隊先後侵佔中國 21 省、5 院轄市、威海衛行政區、東省特別區。

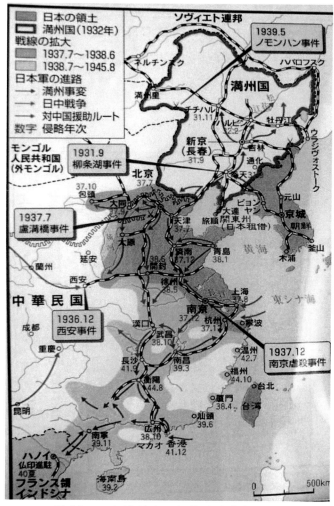

圖 22　日本資料中的侵華戰爭態勢圖。

1931 年

遼寧省

　　1931 年 9 月 18 日晚發生柳條湖爆炸事件，日本關東軍駐南滿鐵路部隊藉此攻擊瀋陽中國駐軍，19 日晨第 2 師團步兵第 29 聯隊、獨立守備步兵第 2 大隊佔領全城。事變時東北政務委員會主席、東北邊防軍司令張學良在北平，代行其職務的副司令兼吉林省主席張作相因私在錦州，參謀長榮臻率官署退至錦州，遼寧省主席臧式毅被扣押後投敵。9 月 27 日米春霖奉張學良令在錦州代理省府主席，1932 年 1 月日軍混成第 38、39 旅團攻陷錦州後遼寧省府中止（1940 年 5 月萬福麟曾任主席，係空頭職務）。1933 年 1 月 3 日日軍佔

領錦州以北的義縣縣城，遼寧省轄 59 縣（1931 年 8 月統計）全部淪陷。日軍佔領瀋陽後不久關東軍司令部即由旅順遷此。

吉林省

9 月 19 日守備南滿鐵路的日軍第 2 師團步兵第 4 聯隊在公主嶺騎兵第 2 聯隊支持下攻擊長春中國駐軍，當日下午佔領長春縣。吉林省代理主席熙洽與日軍聯繫歸順，21 日日軍第 2 師團開進吉林省會永吉縣。10 月 12 日張學良令誠允在吉林省賓縣代理省府主席。1932 年 3 月 25 日賓縣淪陷，7 月又以丁超在依蘭縣任省府主席。9 月丁超抵抗失敗退往蘇聯，吉林省府中止（1940 年 5 月鄒作華任主席，係空頭職務）。1934 年 2 月 13 日位於黑龍江、烏蘇里江交匯處的撫遠縣城被日軍佔領，至此吉林省轄 41 縣（1931 年 8 月統計）全部淪陷。1932 年 3 月關東軍在長春成立溥儀政權，關東軍司令部由瀋陽遷此。

黑龍江省

九一八事變發生時黑龍江省府主席萬福麟隨同張學良在北平，10 月 16 日張學良令黑河警備司令馬占山代理主席。洮南鎮守使張海鵬投敵後夥同日軍經由四平—洮南—昂昂溪鐵路進犯省會龍江縣（齊齊哈爾），馬占山指揮所部與日軍激戰於嫩江左岸大興地區（江橋抗戰）。11 月 19 日日軍第 2 師團攻入齊齊哈爾，黑龍江省府中止（1940 年 5 月馬占山再任主席，係空頭職務）。1932 年 12 月 6 日日軍佔領大興安嶺北麓的奇乾縣城，黑龍江省轄 42 縣（1931 年 8 月統計）全部淪陷。

1932 年

東省特別區

1920 年始東省鐵路由中蘇共同經營，東省鐵路附屬地行政權回歸中國，設東省特別區管轄原鐵路附屬地（鐵路沿線 11～15 公里以內區域），1923 年 3 月在哈爾濱成立東省特別區行政長官公署。

九一八事變爆發後一周，東省特別區行政長官張景惠組織維持機構歸順日軍。1932 年 1 月日軍第 2 師團進攻哈爾濱，依蘭鎮守使李杜指揮所部抵抗，2 月 5 日日軍佔領哈爾濱。

1932 年 3 月 1 日，關東軍以東北佔領地成立偽滿洲國。

1933 年

熱河省

1933 年 1 月 3 日日本關東軍佔領熱河省綏東縣（治所今奈曼旗八仙筒鎮）。2 月底關東軍發起侵犯熱河省作戰，北平軍分會代理委員長張學良指揮的第 1 集團軍（張自兼）、第 2 集團軍（張作相）戰敗撤出，3 月 4 日日軍第 8 師團佔領省會承德。熱河省主席湯玉麟被免職，省府中止（1940 年 5 月始有東北系將領繆澄鎏、劉多荃先後任空頭主席），3 月 12 日東四省首腦張學良引咎下野。4 月 8 日阜新縣城淪陷，熱河省轄 15 縣及卓索圖盟、昭烏達盟 20 旗（1933 年 3 月統計）全部淪陷，關東軍將熱河省納入溥儀政權建制。

河北省

1933 年 1 月 3 日日軍中國駐屯軍山海關守備隊、關東軍第 8 師團佔領河北省臨榆縣城。3 月關東軍佔領熱河後向長城一線侵犯，3 月底佔領河北省塞北之興隆縣、都山設治局。5 月 8 日日軍突破長城線侵犯冀東地區，壓迫中國簽訂《塘沽協定》，以延慶、昌平、高麗營、順義、通州、香河、寶坻、林亭口、寧河、蘆臺口為界的冀東 22 縣劃為「非武裝區」。1935 年 11 月日軍中國駐屯軍策劃成立冀東傀儡政權。

1937 年 9 月 24 日日軍第 6 師團攻陷省會清苑縣城（保定），河北省府先後流亡河南省洛陽縣、南宮縣、冀縣、邢臺縣、河南省洛陽縣（1940.4）、陝西省西安、陝西省郿縣，1943 年 5 月時任主席龐炳勳投敵。1939 年 11 月 27 日日軍佔領東明縣城，河北省轄 112 縣（1937 年 5 月統計）均遭日軍踐蹋。1938 年 2 月日軍第 1 軍司令部從石家莊移往太原，河北日軍直屬華北方面軍，主要駐紮地石門、邯鄲。1938 年 1 月日軍在天津成立河北省高凌霨傀儡政權，次年遷往保定。

察哈爾省

1933 年 3 月 9 日日本關東軍佔領熱河省開魯縣，東北軍李守信部投敵。4 月 29 日關東軍騎兵第 4 旅團一部佔領察哈爾省多倫縣，驅使李守信部進犯佔領察東沽源、寶昌、張北、康保、商都等 6 縣及化德、尚義兩設治局。中國抗日武裝一度收復康保、沽源、寶昌、多倫縣。1935 年 6 月《秦土協定》後，張家口、龍門所、延慶、昌平一線東北側中國軍隊撤出，第 29 軍司令部從張家口移駐北平。關東軍策反察哈爾省官員德穆楚克棟魯普親王，1936 年 6 月德王與李守信合作在化德城成立傀儡政權「蒙古軍政府」。

　　1937 年七七事變後關東軍察哈爾派遣兵團參加平綏鐵路東段作戰，以多倫縣城為前進基地，8 月 27 日混成第 2 旅團攻佔察哈爾省會萬全縣城（1938 年 7 月成立的駐蒙軍司令部駐此地）。9 月 11 日日軍華北方面軍第 5 師團侵入蔚縣，察哈爾省全境 16 縣、察哈爾左右翼 8 旗、錫林郭勒盟 10 旗（1928 年統計）均淪陷。察哈爾省主席劉汝明因兵敗被撤職留任，省府流亡洛陽、西安等處，相繼由張礪生、石友三、畢澤宇、馮欽哉任主席，均為空頭職務，石友三、畢澤宇任上投敵。

　　1937 年 9 月 4 日關東軍操縱成立於品卿為首的傀儡政權察南自治政府，管轄察南 10 縣（察北後歸於偽蒙古聯盟自治政府）。

1937 年

北平院轄市

　　1937 年 7 月 28 日上午日軍第 20 師團、中國駐屯步兵旅團、獨立混成第 1、11 旅團對北平城發起全面攻擊，第 29 軍軍長宋哲元、北平市長秦德純等當晚撤出北平，其冀察政務委員會委員長、冀察綏靖公署主任、北平市長各職統由第 38 師師長兼天津市長張自忠代理。29 日日軍控制北平城，張自忠周旋數日後避入德國醫院，北平市府中止。1938 年日軍華北方面軍司令部從天津遷此。

天津院轄市

　　1937 年 7 月 28 日夜天津駐軍第 29 軍第 38 師一部獲知日軍全面侵入北平城，遂發起攻擊天津日軍，戰鬥至 30 日中國軍隊全部撤出，天津淪陷。

江蘇省

　　1932 年 3 月 3 日淞滬作戰停戰當晚，日軍第 11 師團步兵第 22 聯隊佔領江蘇省嘉定縣城，7 月日軍撤回本土。

　　1937 年淞滬作戰期間，日軍上海派遣軍第 3 師團 8 月 23 日登陸吳淞口，9 月 6 日攻佔江蘇省寶山縣城。南京作戰期間，日軍第 11 師團天谷直次郎支隊 12 月 8 日侵入省會鎮江縣城，江蘇省府已於 11 月轉移江都縣，再轉移淮陰縣（1937）、興化縣（1939）、淮安縣車橋（1941）、安徽省太和縣（1941）、安徽省阜陽縣李寨（1944）。

　　1941 年 2 月 15 日泰州守軍李長江部投敵，日軍獨立混成第 12 旅團進駐泰縣縣城，江蘇省轄 61 縣（1937 年 7 月統計）與連雲市均遭日軍蹂躪，1938

年 4 月日軍扶持在蘇州建立陳則民傀儡政權。

山西省

1937 年 8 月 14 日關東軍察哈爾派遣兵團投入察綏作戰，9 月 10 日攻陷山西省陽高縣城，13 日攻佔大同。10 月 15 日關東軍在大同成立夏恭為首的傀儡政權晉北自治政府，管轄內長城以北佔領地 13 縣。太原作戰期間，11 月 8 日日軍華北方面軍第 5 師團攻陷省會陽曲縣城（太原），山西省府轉移陝西省宜川縣秋林、山西省吉縣南村坡（1940）。山西省轄 105 縣（1937 年統計）僅永和縣、平順縣未遭日寇佔領，1938 年 4 月第 1 軍操縱成立山西省蘇體仁傀儡政權。1941 年 5 月山西境內發生中條山（晉南）作戰。1938 年 2 月日軍第 1 軍進佔晉南，第 1 軍司令部從石家莊移駐太原，主要駐紮地崞縣、平遙、汾陽、潞安、臨汾、運城。

綏遠省

1936 年 8 月關東軍操縱察哈爾省德王—李守信政權軍隊進犯綏遠省，被傅作義部擊退。

1937 年 8 月關東軍察哈爾派遣兵團投入察綏作戰，9 月 17 日獨立混成第 11 旅團攻陷綏遠省豐鎮縣城。10 月 13 日獨立混成第 1 旅團攻陷省會歸綏，綏遠省府遷往臨河縣陝壩（1943 年 10 月析置陝壩市，今杭錦後旗）。1940 年 2 月 3 日日軍佔領臨河縣城，綏遠省轄 16 縣、包頭市和烏蘭察布盟、伊克昭盟 18 旗（1937 年統計），僅伊克昭盟及東勝、涼城、興和 3 縣沒有淪陷。

1937 年 10 月 28 日關東軍操縱在歸綏成立德王為首的偽蒙古聯盟自治政府，管轄綏遠省以及察哈爾省北部察哈爾左右翼、錫林郭勒盟、壩上 6 縣。

山東省

1937 年津浦路北段作戰期間，日軍第 2 軍第 10 師團 10 月 3 日攻佔山東省德縣縣城，12 月 27 日第 10 師團攻陷省會濟南市，山東省府轉移沂水縣南麻。1938 年徐州作戰主戰場在山東省南部。1940 年 2 月 22 日日軍佔領榮成縣，山東省轄 107 縣（1937 年統計）全部淪陷，1938 年 3 月日軍操縱成立山東省馬良傀儡政權。日軍佔領濟南後第 2 軍司令部駐於此，1938 年徐州作戰後調華中派遣軍，年底日軍在濟南成立第 12 軍，主要駐紮地張店、泰安、兗州、惠民、青島。1944 年第 12 軍司令部赴河南作戰離開濟南，1945 年 3 月在濟南另組建第 43 軍。

福建省

1937 年 9 月 3 日日本海軍驅逐艦羽風號、若竹號侵入廈門海面，被海岸炮臺擊退。10 月 26 日日本海軍陸戰隊登陸金門島，佔領金門縣城。1938 年 5 月 13 日日本海軍第 2 聯合特別陸戰隊攻陷廈門。1941 年 4 月 18 日日軍第 48 師團在連江、長樂、福清等縣沿海登陸、佔領各縣城，22 日攻陷省會閩候縣城（福州），9 月日軍撤出福州。1944 年日本在馬里亞納作戰失敗後決定再度控制中國東南沿海，10 月日軍獨立混成第 62 旅團從連江上陸第二次佔領福州，後於 1945 年 5 月 18 日撤出。

福建省府於 1938 年 4 月移駐閩西永安縣。1945 年 7 月 13 日駐守金門島的日軍獨立混成第 31 聯隊撤往汕頭途中登陸進佔雲霄縣城，7 月 20 日進佔詔安縣城，福建省轄 62 縣（1935 年 10 月統計）有 15 個縣城與廈門市先後淪陷。

河南省

1937 年平漢鐵路北段作戰時，日軍第 1 軍第 14 師團 10 月 21 日攻陷邯鄲東南 30 公里的河南省臨漳縣，11 月 5 日佔領安陽。1938 年 5～6 月徐州作戰蘭封階段，6 月 6 日第 14 師團攻陷省會開封縣，河南省府先後轉移鎮平縣、洛陽縣（1939）、魯山縣（1942）、內鄉縣（1942）、盧氏縣（1945）。1945 年 4 月 2 日淅川縣城淪陷，至此河南省轄 111 縣（1933 年 2 月統計）只有沈丘、新蔡兩縣未曾陷敵。1937 年 11 月日軍在安陽成立河南省自治機構，1938 年 4 月正式改組為肖瑞臣傀儡政權，1939 年 5 月日軍修通新鄉—開封鐵路後移至開封。1944 年日軍發動打通大陸作戰，4 月 22 日二度佔領鄭州，在鄭州設傀儡政權「豫陝鄂皖邊區主任公署」（後改為「中原省」）。

河南境內發生 1941 年 1～2 月豫南作戰、1944 年 4～5 月豫中作戰、1945 年 3～5 月鄂北老河口—豫西西峽口作戰。

上海院轄市

1937 年 8 月 13 日爆發淞滬大戰，日軍上海派遣軍先後投入第 3、9、11、13、16、101 師團與重藤千秋支隊。11 月 5 日日軍增援部隊第 10 軍第 6、18、114 師團在杭州灣北岸登陸，9 日始中國軍隊開始撤退，11 月 12 日俞鴻鈞市長布告上海市淪陷。日軍佔領上海後海軍中國方面艦隊司令部駐此，1939 年 9 月日本陸軍在上海組建第 13 軍司令部，直至終戰。

浙江省

1937 年 11 月 5 日凌晨日軍第 10 軍登陸杭州灣金山衛附近投入淞滬作戰，第 6 師團在浙江省境內平湖縣全公亭上陸，11 月 14 日攻陷嘉善縣城。日軍佔領南京後，12 月 24 日第 18、101 師團攻佔杭州市，浙江省府先後轉移金華縣、永康縣（1938）、松陽縣（1941）、永康縣（1941）、松陽縣（1942）、雲和縣（1942.5）。1939 年 6 月 23 日日本上海海軍特別陸戰隊一部登陸舟山島，當日佔領定海縣城。1942 年 4～7 月浙江省境內發生浙贛作戰。

1945 年 5 月日軍獨立混成第 62 旅團從福州退往滬杭地區，6 月初自平陽縣橋墩侵入浙江省與永嘉、樂清日軍會合，撤退途中 29 日攻陷天台縣，至此浙江省轄 75 縣（1935 年 7 月統計）有 64 個縣與杭州市先後淪陷。1938 年 5 月日軍在杭州成立浙江省汪瑞闓傀儡政權。

1945 年 1 月日軍第 6 軍司令部自海拉爾調杭州，8 月 11 日奉命北調離開杭州。

安徽省

1937 年 11 月 12 日日軍佔領上海後向南京方向追擊，11 月 29 日太湖南路日軍第 18 師團自浙江長興侵入安徽省境內，30 日攻陷廣德縣城，守軍第 145 師長饒國華殉國。1938 年武漢作戰前期日軍波田重一支隊從蕪湖溯江而上，6 月 13 日佔領安徽省會懷寧縣城（安慶），安徽省府轉移六安縣、立煌縣（1938.6）、霍邱縣李北圩（1943.1.5）、立煌縣（1943.1.19）。安徽省轄 62 縣（1936 年 2 月統計）有近 80%先後淪陷，位於蘇皖浙交界的郎溪縣城被日軍佔領六次。1938 年 7 月日軍在鳳陽縣蚌埠鎮成立安徽省倪道烺傀儡政權。

南京院轄市

1937 年 11 月 20 日國民政府宣布遷都重慶，12 月 13 日日軍華中方面軍第 6、9、16、114 師團及第 13 師團山田栴二支隊、第 5 師團國崎登支隊、第 3 師團步兵第 68 聯隊攻陷南京城與浦口。南京市長馬超俊已於 12 月 7 日撤離，其職務由中國憲兵副司令蕭山令代理。13 日蕭山令兵敗殉國，南京市府中止。

日軍佔領南京後華中方面軍、華中派遣軍司令部先後駐此，1939 年 9 月在南京組建中國派遣軍總司令部，指揮關內戰場日本陸軍部隊。

1938 年

青島院轄市

1938 年 1 月 10 日日本海軍第 4 艦隊第 1 聯合特別陸戰隊登陸膠澳佔領青島。青島市政府於半月前撤離，1938 年 6 月市長沈鴻烈兼任山東省主席，青島市政務由省府兼理。1943 年 3 月 1 日在嶗山華嚴寺恢復青島市政府。

日本海軍駐青島指揮機關先後是第 3 遣華艦隊、青島方面特別根據地隊。

威海衛行政區

1930 年 10 月中國收回英租威海衛（不含劉公島），特設威海衛行政區。

1938 年 3 月 7 日日本海軍第 4 艦隊佐世保鎮守府第 6 特別陸戰隊佔領威海，威海衛行政區管理公署代理專員鄭維屏率官署轉移鄉間。1942 年 12 月威海衛行政區建制被撤銷。

江西省

1938 年 6 月日軍華中派遣軍沿長江西進攻擊武漢。波田重一支隊從安慶溯江而上，6 月 26 日攻陷江西省彭澤縣境內馬當要塞，6 月 29 日攻陷彭澤縣城。1939 年 3 月 27 日南昌會戰期間日軍第 101 師團攻陷省城南昌，江西省府遷移吉安縣、泰和縣（1939.4）、寧都縣（1945.1）。1943 年 5 月日軍在九江操縱成立鄧祖禹江西省傀儡政權。

江西省境內歷經 1939 年 2～4 月南昌會戰、1941 年 3～4 月上高會戰、1942 年 4～7 月浙贛作戰。1945 年 6 月日軍決定華南前線 6 個師團調往京滬地區，第 27、40、131 師團 7 月 12 日自贛州出發，經遂川、萬安，先後侵入贛江沿岸的泰和、吉水、吉安、峽江、新淦各縣，8 月 6 日到達樟樹鎮，7 日攻佔對岸清江縣城，8 月 9 日侵入豐城縣境內。清江縣城是全國最後一個陷於日軍的縣城（不計重複淪陷者）。江西省轄 83 縣（1935 年 4 月統計）近 70% 縣城先後淪陷。

湖北省

1938 年 8 月日軍第 11 軍自江西、安徽向西侵犯，長江北路第 6 師團由安徽省太湖縣、宿松縣方向攻入湖北省境內，7 月 25 日登陸黃梅縣小池口，8 月 4 日佔領黃梅縣城。10 月 26 日第 6 師團佔領漢口、波田重一支隊佔領省府駐地武昌，湖北省府先後轉移宜昌縣、恩施縣（1938）。

湖北省境內歷經 1938 年 8～10 月武漢作戰、1939 年 5 月隨棗作戰、1940 年 5～6 月棗宜作戰、1943 年 5～6 月鄂西作戰、1945 年 3～5 月老河口作戰。

湖北省轄 71 縣（1934 年 3 月統計），55 縣境內遭日軍侵入。1939 年 11 月日軍成立何佩瑢湖北省傀儡政權。

日軍第 11 軍司令部自 1938 年 11 月進駐武漢，主要駐紮地應山、應城、荊門、咸寧、當陽、宜昌（1940.6）。1944 年 4 月後第 11 軍司令部侵入湖南、廣西，駐武漢的日本陸軍指揮機關相繼是第 34 軍、第 6 方面軍。駐漢口日本海軍先後有第 1 遣華艦隊、揚子江方面特別根據地隊。

廣東省

1938 年 6 月 21 日日軍第 5 艦隊陸戰隊登陸廣東省南澳島，佔領南澳縣城，當地軍民奮起反抗於 7 月 17 日收復，8 月再度淪陷。10 月 12 日日軍第 21 軍在第 5 艦隊掩護下登陸大亞灣，15 日第 104 師團攻陷惠陽縣城，21 日第 18 師團佔領廣州，廣東省府先後轉移至連縣（1938）、曲江縣／韶關市（1939）、連縣（1944）、龍川縣（1945）。1940 年 4 月日軍操縱成立陳公博廣東省傀儡政權。

1939 年 6 月 21 日第 21 軍第 104 師團後藤十郎支隊、海軍第 5 艦隊佐世保第 9 特別陸戰隊登陸佔領汕頭。

1945 年廣州地區日軍第 40 師團奉命經江西轉移京滬地區，途中 6 月 1 日攻陷新豐縣城。

廣東省轄 98 縣（1936 年 3 月統計）有 70% 縣城和廣州市先後淪陷。戰爭末期日軍第 23 軍控制範圍以廣州為中心，東沿海岸到汕頭，北沿粵漢鐵路到曲江，西沿西江到粵桂邊。駐廣州日本陸軍指揮機關先後是第 21 軍、華南方面軍、第 23 軍。日本海軍指揮機關先後有第 2 遣華艦隊、廣州方面特別根據地隊，太平洋戰爭後移香港。

1939 年 2 月 10 日日軍第 21 軍臺灣混成旅團在海口以西澄邁灣登陸，當日攻陷瓊山縣城。2 月 14 日海軍第 5 艦隊下屬橫須賀第 4 特別陸戰隊、佐世保第 8 特別陸戰隊、吳第 6 特別陸戰隊在三亞附近登陸，當日中午佔領三亞、榆林港、崖縣。至 1940 年 3 月海南島 16 縣全部遭日軍蹂躪，廣東省第 9 行政督察區專署自瓊山移駐保亭縣鄉間。

湖南省

1938 年 10 月 26 日日軍佔領武漢後，派第 6 師團今村勝次支隊溯江而上，11 月 9 日攻陷湖南省臨湘縣城，11 日佔領岳州。湖南省境內歷經 1939 年 9～10 月第 1 次長沙作戰、1941 年 9～10 月第 2 次長沙作戰、1941 年 12

月～1942 年 1 月第 3 次長沙作戰、1943 年 11～12 月常德作戰、1944 年 5～
8 月長衡作戰、1945 年 4～6 月湘西作戰。

　　1944 年長衡作戰期間日軍第 58 師團 6 月 18 日佔領長沙市。湖南省府早
於 1938 年 11 月轉移沅陵縣，再遷耒陽縣（1939.5）、桂陽縣（1944.6）、嘉禾
縣、臨武縣、藍山縣（1945.1）、沅陵縣（1945.8））。湖南省轄 81 縣（1937 年
統計）有 44 個縣城和長沙市先後淪陷。

1939 年

廣西省

　　1939 年 1 月 2 日，日本海軍數百名官兵登陸東京灣廣東省合浦縣潿洲
島，在此修建機場，成為進攻海南島、廣西省的前進基地。

　　1939 年 11 月日軍發起桂南作戰，15 日第 21 軍在欽州灣登陸，攻陷廣東
省防城、欽縣、合浦等縣，24 日第 5 師團攻陷廣西省邕寧縣城（南寧）。至
1940 年 11 月 14 日日軍全部撤出廣西，期間邕寧、武鳴、憑祥、龍津等 19 縣
陷敵。

　　1944 年桂柳作戰日軍三路進攻廣西：第 11 軍沿湘桂鐵路南下，9 月 14
日攻佔全縣；第 23 軍從廣東沿西江兩岸西進，9 月 12 日佔領廣西懷集，21
日佔領梧州；第 23 軍獨立混成第 23 旅團從雷州半島北上，9 月 23 日佔領廣
西容縣。11 月 10 日日軍第 11 軍第 37、40、58 師團攻陷省會桂林。11 月 24
日第 22 師團、獨立混成第 22 旅團再度佔領邕寧縣城。駐越南第 21 師團步兵
第 83 聯隊自鎮南關攻入廣西，12 月 10 日在扶綏縣以南與第 22 師團會合，
打通大陸交通線。廣西省轄 99 縣曾被日軍佔領者超過三分之二。廣西省府
1944 年從桂林縣相繼轉移宜山縣、百色縣。

　　1944 年底日軍第 23 軍退回廣東，1945 年 6 月第 11 軍收縮至湘桂邊，8
月 12 日中國軍隊攻入全縣，日軍在此設伏、反撲重占全縣縣城，16 日日軍全
部撤離廣西進入湖南境內。

1942 年

雲南省

　　雲南省轄 125 縣（1942 年 3 月統計）和昆明市，有怒江以西部分地區陷
敵兩年半。1942 年中國遠征軍在緬北作戰失利後撤退，日軍南方軍第 15 軍
第 56 師團步兵第 146 聯隊 5 月 2 日自緬甸追擊進入雲南省畹町，5 月 3 日佔

領龍陵縣，10日佔領騰沖縣。雲南省怒江以西屬第6行政督察區，轄龍陵、騰沖兩縣與瀘水、梁河、盈江、蓮山、隴川、潞西、瑞麗7設治局，日軍佔領騰沖後區公署遷往怒江東岸保山縣。

1944年5月中國軍隊渡過怒江反攻，1945年1月日軍第56師團敗退緬甸。

1944年

貴州省

貴州省轄77縣（1941年2月統計）有4個縣先後淪陷。1944年桂柳作戰期間日軍第3、13師團兩路侵入貴州省，11月28日第3師團從廣西省環江縣境侵入黔桂邊黎明關，12月3日佔領荔波縣，先頭部隊經三都縣三合、丹寨縣八寨，止於都勻縣城以南（此地距貴陽80公里）。第13師團沿黔桂鐵路攻擊，12月2日攻陷獨山縣。日軍沿途破壞中國軍事基地、銷毀軍用物資，12月10日全部撤至廣西。

日軍地面部隊侵犯情況匯總

以上遭日軍地面部隊侵犯的各一級行政區面積合計約446萬平方公里，約占全國總面積（不含外蒙古地方173萬平方公里）的近半。

遼寧、吉林、黑龍江、熱河、河北、察哈爾、江蘇、山東8省的所有市、縣城、蒙旗淪陷，綏遠、山西、河南3省幾近全部淪陷，浙江、安徽、江西、湖北、湖南、廣西6省大部淪陷，廣東省三分之一、福建省四分之一淪陷，雲南、貴州兩省各有數縣淪陷。未遭日軍地面部隊侵入的是四川、西康、陝西、甘肅、寧夏、青海、新疆7省和西藏地方、重慶市。

全國城市約半數淪陷，其中院轄市5、省轄市15、縣城1100餘、蒙旗48，包含19個省會城市（未計省府臨時駐地）。

1932年3月1日，關東軍以東北佔領地成立偽滿洲國，1933年熱河省納入。1934年2月13日關東軍佔領吉林省最北端的撫遠縣城，至此東三省與熱河省全境淪陷，當年10月關東軍操縱溥儀政權劃定行政建制14省、2特別市，1939年又調整為19省、1特別市。

1937年日本關東軍在察哈爾省南部、山西省雁北、綏遠省與察哈爾省北部三處分別建傀儡政權，1939年9月華北方面軍駐蒙軍操縱將「察南自治政府」、「晉北自治政府」、「蒙古聯盟自治政府」三個傀儡政權合併，在張家口

建立偽蒙疆自治聯合政府德王政權。1940 年 3 月德王政權歸附汪兆銘政權，
1943 年德王政權察南部分改稱「宣化省」，晉北部分改稱「大同省」。

　　1937 年 12 月 14 日日軍華北方面軍把持在北平成立王克敏政權「中華民
國臨時政府」，管轄北平市、天津市、青島市、河北省、山東省、山西省、河
南省地方傀儡政權，1940 年 3 月王克敏政權以「華北政務委員會」名義歸附
汪兆銘政權。

　　1938 年 3 月 28 日日軍華中派遣軍把持在南京成立梁鴻志政權「中華民
國維新政府」，管轄南京市、上海市、江蘇省、浙江省、安徽省傀儡政權。

　　1940 年 3 月日軍中國派遣軍在南京成立汪兆銘「中華民國國民政府」，
梁鴻志政權併入，名義上接管王克敏政權、德王政權轄地。汪兆銘政權管下
還有 1939 年 11 月第 11 軍成立的湖北省傀儡政權、1940 年 5 月第 21 軍成立
的廣東省傀儡政權、1943 年 5 月第 11 軍成立的江西省傀儡政權，以及 1944
年 1 月新設「淮海省」。

　　青島、廈門地方實際為日本海軍控制，廣東省海南島基本為日本海軍控
制，陸軍勢力僅及於海口地區。

第23章 佔據臺灣的日本陸海軍 (1895～1945)

　　1895 年 4 月 17 日《馬關條約》簽訂，中國割讓臺灣澎湖與日本。5 月 11 日日本海軍軍令部長、薩摩藩樺山資紀大將被任命為臺灣總督，5 月 29 日日軍近衛師團登陸澳底（今新北市貢寮），6 月 2 日在基隆三貂角海域日本海軍西京丸中國專使李經方與樺山資紀簽字交接，自此臺灣被日軍佔據。

　　抗戰勝利後，1945 年 9 月 14 日中國空軍第 1 路司令張廷孟一行單機自南京起飛，13 時半在臺北松山機場著陸。10 月 25 日中國戰區臺灣省接受日軍投降典禮在臺北公會堂舉行，日本臺灣總督兼第 10 方面軍司令安藤利吉大將在投降書簽字，中國臺灣省行政長官兼臺灣警備總司令陳儀上將宣布自即日起臺灣、澎湖正式重新歸入中國版圖。

鎮壓臺灣抵抗運動（乙未割臺）

　　甲午戰爭期間日軍以薩摩藩後備步兵第 1 聯隊為基幹組建臺灣混成支隊約 1700 人，於 1895 年 3 月 23 日登陸佔領澎湖島，準備奪取臺灣，一周後李鴻章在日本達成停戰協議。

　　日本陸軍第 1～6 師團投入遼東、山東戰場。近衛師團於 3 月到達遼東金州準備侵入關內，遂由近衛師團擔任接收臺灣，此時日本國內僅剩一個新組建的臨時第 7 師團。

　　《馬關條約》簽訂後，清政府 5 月 20 日電令署理臺灣巡撫唐景崧「著即開缺來京陛見，其臺有大小文武各員，並著飭令陸續內渡」。5 月 23 日臺灣抗

日力量擁戴唐景崧在臺北成立「臺灣民主國」。

　　6月3日登陸澳底的日軍近衛師團進佔基隆，6月4日唐景崧、丘逢甲先後逃往大陸，日軍7日進入臺北，6月17日在臺北設總督府。6月19日日軍開始沿桃園、新竹南下攻擊。6月26日劉永福在臺南被推繼任「臺灣民主國」總統，繼續抵抗日軍。

　　日軍增派第2師團（乃木希典）攻佔臺灣南部。第2師團兵分兩路，以步兵第4旅團編為混成第4旅團（伏見宮貞愛親王）於10月10日登陸布袋嘴（今嘉義縣境內），11日第2師團主力登陸枋寮（今屏東縣境內）。10月18日日軍三面包圍臺南，劉永福兵敗內渡廈門，21日第2師團步兵第3旅團（山口素臣）進入臺南城。

　　近衛師團長北白川宮能久親王、近衛步兵第2旅團長山根信成死於是役。

臺灣總督府與臺灣軍

　　1895～1919 年臺灣總督府統管軍政，歷任總督：樺山資紀海軍大將（1895.5）、桂太郎陸軍中將（1896.6）、乃木希典陸軍中將（1896.10）、兒玉源太郎陸軍中將（1898，2）、佐久間左馬太陸軍大將（1906.4）、安東貞美陸軍大將（1915.5）、明石元二郎陸軍中將（1918.6）。

　　總督府首任軍政部長大島久直少將，8月8日設陸軍局、海軍局，大島久直改稱陸軍參謀長。1898 年陸軍局、海軍局又合併為軍務局。

　　一戰後為加速臺灣「同化」，1919 年8月20日成立臺灣軍，實行軍政分治，時任總督明石元二郎兼任臺灣軍司令。兩個月後明石元二郎死去，改由文官專任總督，至 1936 年歷 9 任文官總督：田健治郎（1919.10）、內田嘉吉（1923.9）、伊澤多喜男（1924.9）、上山滿之進（1926.7）、川村竹治（1928.6）、石冢英藏（1929.7）、太田政弘（1931.1）、南弘（1932.3）、中川健藏（1932.5）。

　　日本發動全面侵華戰爭前夕，再改回軍人總督制，歷任總督：小林躋造預備役海軍大將（1936.9）、長谷川清海軍大將（1940.11），1944 年 12 月 30 日第 10 方面軍司令安藤利吉陸軍大將兼任總督。

　　歷任臺灣軍司令（陸軍中將或大將）：明石元二郎總督兼（1919.8.20）、柴五郎（1919.11）、福田雅太郎（1921.5）、鈴木莊六（1923.8）、菅野尚一（1924.8）、田中國重（1926.7）、菱刈隆（1928.8）、渡邊錠太郎（1930.6）、

真崎甚三郎（1931.8）、阿部信行（1932.1）、松井石根（1933.8）、寺內壽一
（1934.8）、柳川平助（1935.12）、畑俊六（1936.8）、古莊幹郎（1937.8）、
兒玉友雄（1938.9）、牛島實常（1939.12）、本間雅晴（1940.12）、安藤利吉
（1941.11）。1944 年 9 月 22 日第 10 方面軍成立時臺灣軍廢止。

　　1937 年 3 月始歷任臺灣軍參謀長：秦雅尚、田中久一、大津和郎、上村
幹男、樋口敬七郎、近藤新八、諫山春樹。

　　1941 年 11 月日本實行新軍管體制，首設臺灣軍管區、朝鮮軍管區、滿洲
軍管區，納入本土動員體系。臺灣軍的管轄區域即臺灣軍管區，轄高雄、臺
北、臺中、臺南、新竹、花蓮港、臺東聯隊區，臺灣軍司令兼臺灣軍管區司
令。1942 年始臺灣軍管區實施「陸軍特別志願兵制度」，戰爭期間約 20.7 萬
人入伍，其中 60% 充作陸軍輔助人員（即日本陸軍「軍屬」序列的「傭人」、
「雇員」等）。徵調臺灣原住民 7 批 4000 餘人參戰（「高砂義勇隊」）。

　　1937 年 12 月日軍大本營準備發起華南作戰，在臺灣組建第 5 軍，轄第
11 師團、重藤千秋支隊、第 4 飛行群，臺灣軍司令古莊幹郎兼任司令，因計
劃變更於次年 2 月 15 日撤銷。

1895～1944 年臺灣日本陸軍部隊

1. 1895～1907 年

　　1895 年 11 月近衛師團、混成第 4 旅團從臺灣返回本土，第 2 師團繼續
擔任臺灣警備。1896 年 3 月開始組建臺灣守備混成第 1～3 旅團，4 月第 2 師
團回國。

　　臺灣守備混成第 1～3 旅團下轄臺灣守備步兵第 1～5 聯隊，此時期日軍
在臺兵力最強。最早攻佔澎湖的臺灣混成支隊長比志島義輝陸軍大佐後任臺
灣守備混成第 3 旅團長。

2. 1907～1926 年

　　1907 年 5 月臺灣守備部隊整編為臺灣第 1、2 守備隊，首任司令分別是
牛島本蕃少將、折澤靜夫少將。本年 9 月 16 日編成臺灣步兵第 1、2 聯隊，
其規制同於本土師團步兵聯隊，於 11 月 7 日獲天皇授旗。

3. 1926～1937 年

　　1925 年「大正軍縮」計劃第 3 輪，臺灣第 1、2 守備隊縮減為臺灣守備
隊，歷任司令（中將或少將）：辰巳富吉、細木研（1927.7）、篠田次助（1929.8）、

鎌田彌彥（1930.8）、外山豐造（1932.2）、福田裘裟雄（1934.8）、岩松義雄（1936.3）、重藤千秋（1937.8～1938.3）。

七七事變前夕臺灣軍序列：

臺灣軍司令部（臺北）；

臺灣守備隊（臺北）：轄臺灣步兵第 1 聯隊（臺北）、臺灣步兵第 2 聯隊（臺南）、臺灣山炮兵聯隊（臺北）；

臺灣高射炮聯隊；

基隆要塞，轄基隆重炮兵聯隊；

澎湖島要塞，轄馬公重炮兵聯隊；

第 3 飛行群（屏東）：轄飛行第 8 聯隊（屏東）、飛行第 14 聯隊（嘉義）。

4. 1937～1944 年

1937 年 9 月臺灣守備隊派出臺灣步兵第 1、2 聯隊與臺灣山炮兵聯隊等，以重藤千秋支隊番號編入上海派遣軍參加淞滬會戰，12 月返回臺灣。1938 年 2 月以波田重一支隊番號再赴大陸編入第 11 軍參加武漢會戰。3 月大本營令編成臺灣混成旅團，但 11 月仍稱飯田祥二郎支隊調華南第 21 軍。1939 年 1 月 31 日正式成立臺灣混成旅團，當時兵員達 1.3 萬，2 月從萬山群島出發登陸海口攻佔海南島，11 月參加桂南會戰，1940 年 11 月在海南島合併步兵第 47 聯隊編成第 48 師團，1941 年 8 月第 48 師團回歸臺灣軍序列。

1941 年 11 月日本陸軍在臺灣組建第 14 軍，以此為前進基地準備入侵菲律賓，第 48 師團與第 16 師團，戰車第 4、7 聯隊，野戰重炮兵第 1、8 聯隊等部隊編入第 14 軍序列待命，12 月 17 日第 14 軍 4.3 萬人從高雄、基隆、馬公出航攻打呂宋島。1942 年 1 月第 48 師團轉隸第 16 軍參加攻佔荷屬東印度，後駐防帝汶島直至終戰。

第 48 師團離開臺灣後，駐臺灣日本陸軍部隊就是留守第 48 師團。

5. 陸軍要塞

基隆要塞，1900 年 3 月基隆外木山炮臺動工，1903 年 5 月編成基隆要塞司令部，首任司令野間馴少將。

澎湖島要塞，1900 年 4 月炮臺動工，1903 年 6 月編成澎湖島要塞司令部，首任司令中田時懋（陸士舊 1）少將。

高雄要塞，1937 年 8 月編成，首任司令高品彪大佐。

1944 年 9 月始臺灣日軍臨戰體制

　　1944 年 8 月 13 日美軍尼米茲部攻佔日本絕對國防圈要地關島，這裡距高雄 2700 公里、距馬尼拉 2400 公里。9 月 18 日美軍麥克阿瑟部登陸莫羅泰島建成機場，此地距馬尼拉 1600 公里、距高雄 2400 公里。臺灣、菲律賓成為美軍下一步進攻的顯要目標。1943 年以來的一年多時間美軍一直爭論打菲律賓還是打臺灣——陸軍堅持打菲律賓、海軍堅持打臺灣。1944 年 9 月美國參謀長聯席會議仔細計算了所需部隊、艦隻、飛機、補給品以及海運距離與時間，確認在 1945 年 2 月之前不可能攻打臺灣，但能滿足以 6 個師兵力攻打呂宋島，10 月 5 日最終下令攻打菲律賓。

　　日軍大本營不能判斷美軍攻擊方向是臺灣還是菲律賓，只能同時加強兩地防務。

　　1944 年 9 月 22 日在臺北成立第 10 方面軍直屬大本營，臺灣軍同時廢止，安藤利吉轉任第 10 方面軍司令兼臺灣軍管區司令。第 10 方面軍擔任臺灣地區、奄美群島以南的西南諸島作戰（美軍攻佔沖繩島後奄美群島防務改歸九州第 16 方面軍）。

　　1945 年 1 月在嘉義組建第 40 軍司令部（中澤三夫），轄 4 個師團 2 個獨立混成旅團，擔任臺灣南部防務。5 月司令部調本土九州南部，原所轄部隊改為直屬第 10 方面軍。

　　1944 年 5 月 3 日留守第 48 師團編為第 50 師團，駐臺灣潮州，轄步兵第 301、302、303 聯隊與山炮兵第 50 聯隊等，師團長石本貞直。這是 1938 年 3 月臺灣守備隊改編為臺灣混成旅團參加侵略大陸作戰以來臺灣的第一支正規地面部隊。

　　第 66 師團：1944 年 5 月在本土組建獨立混成第 46 旅團（北川一夫），即調臺灣花蓮，7 月擴編為第 66 師團，轄步兵第 249、304、305 聯隊及 2 個炮兵隊，後移駐臺東，師團長北川一夫、中島吉三郎（1944.11）。

　　第 9 師團，1937 年 10 月參加侵華作戰，1939 年 6 月回日本，次年調關東軍輪值。1944 年 6 月調沖繩島，12 月改調臺灣新竹，轄步兵第 7、19、35 聯隊及山炮兵第 9 聯隊，師團長原守（1942.8）、田阪八十八（1945.4）。

　　第 12 師團，1936 年 4 月調關東軍輪值，1944 年 12 月調駐臺灣，海運途中 3 艘運輸船被美軍潛艇擊沉。轄步兵第 24、46、48 聯隊及野炮兵第 24 聯隊，師團長人見秀三（1943.10）。

　　第 71 師團，1942 年 4 月在滿洲以第 110 師團抽出的第 140 聯隊與琿春駐屯隊（轄步兵第 87、88 聯隊）及山炮兵第 71 聯隊組建，師團長遠山登。1945 年初調駐臺南。

　　獨立混成第 75 旅團，澎湖島要塞在 1944 年 10 月臺灣航空戰中嚴重損壞、不堪使用，次年 1 月以要塞部隊組建獨立混成第 75 旅團，轄獨立步兵第 560～564 大隊與重炮兵第 12 聯隊（原要塞炮兵聯隊），5 月主力調臺灣新竹地區，歷任旅團長田阪八十八、奧信夫。

　　獨立混成第 76 旅團，1945 年 1 月以基隆要塞部隊改編而成，轄獨立步兵第 565～567 大隊與重炮兵第 13 聯隊（原要塞炮兵聯隊），旅團長小川泰三郎。

　　獨立混成第 100 旅團，1945 年 2 月以高雄要塞所轄獨立混成第 30 聯隊、重炮兵第 16 聯隊編成，旅團長即要塞司令村田定雄少將（陸士 31），終戰時獨立混成旅團長資歷最淺者。

　　獨立混成第 102 旅團，1945 年 2 月在臺灣花蓮編成，轄獨立步兵第 464～467 大隊，旅團長小林忠雄。

　　獨立混成第 103 旅團，1945 年 2 月在高雄編成，轄獨立步兵第 468～470 大隊，旅團長田島正男。

　　獨立混成第 112 旅團，1945 年 4 月在臺灣宜蘭編成，轄獨立步兵第 32、33 聯隊，旅團長青木政尚。

　　終戰時臺灣島有日本陸軍 5 個師團、6 個獨立混成旅團，及第 8 飛行師團，計 128080 人。陸軍師團數量多且屬編制強大者。臺灣島實際只發生過航空戰，美軍轟炸的主要目的是壓制打擊日軍航空兵以阻止其支持菲律賓作戰，這一陰差陽錯使得臺灣地區的 5 個師團中竟有 4 個在戰爭期間沒有作戰經歷。

　　附：1944 年 3 月組建第 32 軍駐沖繩，直屬大本營，5 月隸屬西部軍，7 月納入外戰體系改隸臺灣軍／第 10 方面軍，歷任司令渡邊正夫、牛島滿（1944.8）。1945 年 6 月 23 日沖繩守軍與司令部均覆沒，但未明令撤銷第 32 軍番號也沒有任命新的軍司令，第 32 軍餘部尚有駐宮古島、石垣島等處的第 28 師團、獨立混成第 45、59、60 旅團 4 萬人。

　　1944 年 7 月在京都編成獨立混成第 61 旅團，旅團長田島彥太郎，調入第 14 方面軍駐防呂宋島北方之巴布延群島。呂宋島日軍潰敗後於 1945 年 7

月轉隸第 10 方面軍，計劃調臺灣北部未及實施，日本戰敗後回歸第 14 方面軍序列投降繳械。

臺灣日本陸海軍航空部隊

1935 年陸軍飛行第 8 聯隊（1938 年改稱飛行第 8 戰隊）駐臺灣島。

1936 年 8 月在臺灣屏東組建第 3 飛行群司令部（值賀忠治），轄飛行第 8、14 聯隊（另有飛行第 4、5 聯隊駐本土）。1937 年 8 月擔任支持淞滬戰場，出動飛行第 3、8 大隊（轄偵察機中隊 2 個、輕爆擊機中隊 2 個、重爆擊機中隊 1 個、戰鬥機中隊 1 個）。南京作戰時第 3 飛行群以王浜（上海寶山丁家橋）、龍華為基地，在常州、廣德、長興設前進機場。1938 年後正式編入侵華戰場陸軍航空兵團序列。

1944 年 6 月在臺中組建第 8 飛行師團（山本健兒），1945 年 2 月第 8 飛行師團實有兵員 16958 人，轄第 9、22、25 飛行群。

1944 年 10 月 12～15 日日軍出動駐馬尼拉第 1 航空艦隊、駐高雄第 2 航空艦隊、駐臺北第 8 飛行師團（7 月 24 日《大海令第 31 號》令第 8 飛行師團編入海軍第 2 航空艦隊，至 10 月 23 日解除）總計 1251 架飛機攻擊位於臺灣以東海域的美軍艦隊（日本稱臺灣沖航空戰），以 312 架飛機的代價僅重傷堪培拉號重巡洋艦、休斯敦號輕巡洋艦，但日本海軍誇大戰績稱「擊沉航母 11 艘、擊傷航母 8 艘、擊沉戰列艦 4 艘」。10 月 20 日美軍登陸萊特島，日軍因情報錯誤而決定發起萊特島地面與海上決戰。

1944 年底陸軍第 4 航空軍司令部從呂宋島移駐臺灣，1945 年 2 月在臺灣解散。

海軍第 2 航空艦隊於 1944 年 6 月在高雄組建，司令福留繁。擔任臺灣與西南諸島航空作戰，轄臺灣第 21 航空戰隊、西南諸島第 25 航空戰隊等。10 月中旬臺灣近海航空戰擔任主力，其後進駐呂宋島、投入萊特灣作戰。

常駐臺灣日本海軍部隊

1895 年日軍侵佔澎湖島後改媽宮為馬公，1901 年設馬公要港部。

1941 年 11 月馬公要港部升格為馬公警備府，1943 年 4 月移駐高雄更名高雄警備府，澎湖島另成立馬公方面特別根據地隊。馬公警備府／高雄警備府歷任司令山本弘毅、高木武雄、山縣正鄉、福田良三、志摩清英。

高雄警備府擔任臺灣地區、奄美群島以南的西南諸島作戰，設參謀部、

港務部、人事部、軍需部、工作部、經理部、施設部、病院等機構。高雄警備府在臺灣地區部隊有：高雄方面根據地隊、馬公方面特別根據地隊、第 29 航空戰隊（轄第 132、205、765 航空隊）、北臺航空隊、南臺航空隊、高雄設營隊等，官兵 46713 人。終戰時高雄警備府在西南諸島有沖繩方面根據地隊餘部官兵 9776 人。

　　1944 年 10 月萊特灣海戰後，第 1 航空艦隊司令部從馬尼拉遷臺灣，1945 年 5 月以高雄警備府兼任，6 月撤銷編制。

第 24 章　向中國戰區投降的日本
陸海軍部隊

　　1945 年 9 月 2 日，日本投降書在東京灣美軍戰列艦密蘇里號正式簽署，日本投降代表外相重光葵、參謀總長梅津美治郎大將以天皇、內閣、大本營名義簽字，戰勝國方面盟軍統帥麥克阿瑟及美、中、英、蘇、澳、加、法、荷、新九國代表簽字，《降書》載明日本向《波茨坦公告》簽字國美國、中國、英國及附署國蘇聯投降。日本簽字投降時尚有 700 萬軍人（陸軍約 540 萬、海軍約 160 萬）散佈於亞太戰場與日本本土，其中海外兵力 330 多萬。9 月 2 日始各地盟軍部隊隨之展開受降，這是史上最為宏大的特殊軍事行動。

　　中國一份文件《軍令部制訂日本投降預定佔領計劃（1945 年 8 月）》列出如下內容：

　　「（預擬）日軍投降條款：余等（簽名如下）謹代表日本最高當局，以在中國戰區內計中國、滿洲、朝鮮、香港、海南、安南諸地之日本軍隊及人民輔助機關，向中國戰區最高長官作無條件投降」。

　　這裡的「中國戰區」包括滿洲、朝鮮，不包括臺灣、泰國，除了泰國有問題外這正是本來意義的中國戰區。這個文件注明「本計劃大綱（係美方單獨擬制）」，文件時間應是《波茨坦公告》之後、廣島原子彈爆炸之前，說明美國決策層曾經不考慮蘇聯的對日受降資格。

盟軍六大受降區域

　　日本投降簽字日公布了日軍大本營《關於陸海軍投降的通令》（根據盟軍最高統帥部《第 1 號命令》擬定），指令所有日本陸上、海上、航空及輔助部

隊應依劃定六大區域分別向中國戰區、蘇聯遠東軍、東南亞戰區、澳大利亞陸軍、美國太平洋陸軍、美國太平洋艦隊投降繳械。

1. 中國（東三省除外）日軍中國派遣軍 2 個方面軍、9 個軍、26 個師團、1 個戰車師團、1 個飛行師團、22 個獨立混成旅團、11 個獨立步兵旅團、1 個騎兵旅團、13 個獨立警備隊、伊藤義彥支隊、承德支隊，臺灣第 10 方面軍 5 個師團、1 個飛行師團、6 個獨立混成旅團，北緯 16 度以北法屬印度支那第 38 軍 1 個師團、1 個獨立混成旅團，海軍中國方面艦隊 1 個警備府、4 個根據地隊、上海陸戰隊，海軍高雄警備府 2 個根據地隊、1 個航空戰隊等 131.6 萬日軍向中國戰區統帥投降。

2. 中國東三省、北緯 38 度以北之朝鮮、南部庫頁島及千島群島日軍向蘇聯遠東軍總司令投降。投降日軍包括關東軍 24 個師團、9 個獨立混成旅團、2 個獨立戰車旅團、第 2 航空軍（內含北部朝鮮第 34 軍 2 個師團、1 個獨立混成旅團），第 5 方面軍千島群島南庫頁島 3 個師團、1 個獨立混成旅團，海軍旅順特別根據地隊、元山特別根據地隊。近 60 萬日軍官兵被蘇軍解送西伯利亞。

3. 印度洋安達曼—尼可巴群島、緬甸、泰國、北緯 16 度以南法屬印度支那、馬來、新加坡、蘇門答臘、爪哇、帝汶日軍向東南亞戰區總司令投降。投降日軍包括南方軍下屬緬甸方面軍，第 7、18 方面軍，第 38 軍（法屬越南南部），第 3 航空軍（新加坡），第 10 方面艦隊（新加坡）。投降日本陸軍 16 個師團、12 個獨立混成旅團、2 個飛行師團等 45.2 萬人，海軍 7 個根據地隊等 7.6 萬人。陸海軍合計 52.8 萬。

4. 婆羅洲、澳北與西部新幾內亞、東部新幾內亞、俾斯麥群島與所羅門群島日軍向澳大利亞陸軍總司令投降。投降日軍有大本營直屬第 8 方面軍、東南方面艦隊（俾斯麥群島與所羅門群島），南方軍下屬第 2 軍（西里伯斯島）、第 18 軍（東部新幾內亞）、第 37 軍（婆羅洲）。日本陸軍 11 個師團、8 個獨立混成旅團、1 個旅團、1 個海上機動旅團，約 19.4 萬人，海軍 6 個根據地隊，約 9.1 萬人。陸海軍合計 28.5 萬。

5. 原日本委任統治島嶼、小笠原諸島以及其他太平洋島嶼日軍向美國太平洋艦隊總司令投降。投降日軍有大本營直屬第 31 軍（中太平洋）1 個師團、3 個獨立混成旅團及海軍第 4 艦隊 3 個根據地隊；大本營直屬小笠原兵團 1 個師團；南方軍下屬帕勞地區集團 1 個師團、2 個獨立混成旅團，西南方面艦隊駐帕勞第 30 根據地隊，陸海軍合計 11.6 萬。

6. 日軍首腦機關，日本本土及附屬島嶼、北緯 38 度以南之朝鮮、西南諸島、菲律賓 414 萬日軍向美國太平洋陸軍總司令投降，包括：

日本本土陸軍第 1、2 總軍下轄 53 個師團、4 個高射師團、2 個戰車師團、23 個獨立混成旅團、7 個獨立戰車旅團、3 個警備旅團、1 個海上機動旅團，北海道第 5 方面軍下轄 2 個師團、1 個飛行師團、1 個獨立混成旅團，航空總軍，合計約 240 萬；

日本本土海軍聯合艦隊下屬第 3、5、10、12 航空艦隊，第 6、7 艦隊，第 1 護衛艦隊，橫須賀鎮守府、佐世保鎮守府、吳鎮守府、舞鶴鎮守府，大阪警備府、大湊警備府，合計約 130 萬；

南部朝鮮關東軍下屬第 17 方面軍 7 個師團、2 個獨立混成旅團、第 5 航空軍，海軍鎮海警備府；

西南諸島大本營直屬第 10 方面軍第 32 軍餘部 1 個師團、3 個獨立混成旅團，以及奄美群島獨立混成第 64 旅團；

菲律賓南方軍第 14 方面軍 12 個師團、5 個獨立混成旅團、1 個旅團、1 個飛行師團、1 個戰車師團，海軍西南方面艦隊及下屬第 3 南遣艦隊。

中國戰區芷江洽降

中國戰區受降日軍五大單位：中國派遣軍（包括熱河省的關東軍承德支隊），第 10 方面軍（臺灣—澎湖），南方軍下屬第 38 軍（法屬越南北部），中國方面艦隊，高雄警備府（臺灣—澎湖）。

1945 年 8 月 15 日日本天皇宣布接受《波茨坦公告》，19 日日軍參謀本部次長河邊虎四郎中將、海軍省首席副官橫山一郎海軍少將、外務省調查局長岡崎勝男及隨員飛抵馬尼拉，與麥克阿瑟的參謀長薩瑟蘭舉行洽降會談。兩天後日軍降使乘キ 57 三菱百式輸送機從南京經漢口飛抵湖南芷江中國陸軍總司令部駐地，中國戰區洽降會談在此舉行。

芷江洽降的首次會談以公開形式於 8 月 21 日下午 3 時半至 5 時公開舉行，日軍中國派遣軍總參謀副長今井武夫少將、參謀（情報主任）橋島芳雄中佐、航空參謀前川國雄少佐以及文職翻譯木村辰男出席，中國陸軍總司令部參謀長肖毅肅中將、副參謀長冷欣中將、中國戰區美軍參謀長柏德諾准將在受降主席臺就座，王武上校擔任中方翻譯。列席人員包括中美將領、地方官員、新聞記者百餘人。首次會談的主要事項是：確認日軍代表身份；日軍

呈交兵力分布與指揮關係有關圖表；中方宣讀、交付中國陸總致岡村寧次第1號備忘錄，今井武夫在受領證簽字。其後兩天會談在日軍代表住所進行，中方再交付第2、3、4號備忘錄，日軍按中方要求繼續提供有關情報。23日下午日軍代表受中國陸軍總司令何應欽召見後返回南京。

二戰結束時中國戰區下設第1～3、5～12戰區，又新成立陸軍總司令部下屬的第1～4方面軍，中國陸總被指定擔任對日受降事宜。中國陸總致岡村寧次第1、2號備忘錄及附件《中國戰區各區受降主官分配表》、《中國陸軍各地區受降主官姓名、受降地點及日軍代表、投降部隊主官姓名與投降部隊集中地點番號表》首次公布由第1～3、5～7、9～12戰區（含第11戰區副長官部）與第1～4方面軍共計15個單位分區擔任大陸15省範圍（熱河、察哈爾、綏遠、山西、河北、山東、河南、江蘇、安徽、浙江、福建、江西、廣東、湖南、湖北）與越南北部對日受降，文件注明第8戰區防地寧夏、甘肅、新疆省無日軍，不擔負受降。8月29日又公布新成立的臺灣警備總司令部擔任臺灣、澎湖地區受降。

9月9日中國戰區日本投降簽字典禮

8月23日即有3名中國軍官與日軍降使今井武夫同機從芷江到達南京，27日中國陸總副參謀長冷欣在南京設前進指揮所，9月8日何應欽飛抵南京。

9月9日，中國戰區日本投降簽字典禮在南京黃埔路中國陸軍總司令部前方司令部（中央軍校舊址）舉行，現場懸掛「和平永奠」橫幅，與麥克阿瑟9月2日演說所言「祈求上帝保佑和平長存」完全吻合，充分表達戰勝國軍民的第一感受。

受降席正中是受降主官中國戰區統帥代表、中國陸軍總司令何應欽上將，其右側第3戰區長官顧祝同上將、陸軍總司令部參謀長肖毅肅中將，左側海軍總司令陳紹寬上將、空軍第1路司令張廷孟上校。投降席上日軍代表7人：正中是中國派遣軍總司令岡村寧次大將，其左側中國派遣軍總參謀長小林淺三郎中將、總參謀副長今井武夫少將、參謀小笠原清中佐，右側中國方面艦隊司令福田良三中將、第10方面軍參謀長諫山春樹中將、第38軍參謀三澤昌雄大佐，文職翻譯木村辰男立於投降席後方。

小林淺三郎至受降席領受《降書》，岡村寧次簽字、用印後再由小林淺三郎至受降席呈交何應欽。《中國戰區最高統帥第一號命令》同時交付日方，岡

村寧次簽具受領證。

　　次日，何應欽召見岡村寧次，當面交付《軍字第一號命令》，規定今後對岡村寧次的一切行文均稱命令或訓令，此前中國陸總致岡村寧次的《中字第1-23 號備忘錄》視同命令，即日起投降日軍受本總司令（何應欽）節制指揮，不受日本政府之任何牽制。中國派遣軍總司令部改稱中國戰區日本官兵善後總聯絡部，中國派遣軍總司令改稱中國戰區日本官兵善後總聯絡部長官，傳達、執行本總司令命令，不得主動發布任何命令。16 個受降地區日軍改稱「某某地區（這是各受降地區的準確冠名）日本官兵善後聯絡部」、該區日軍投降指揮官改稱「某某地區日本官兵善後聯絡部長」，日本海軍中國方面艦隊司令部改稱中國戰區日本海軍總聯絡部。

　　南京典禮日軍降使陸軍 6 人、海軍 1 人，獨缺五大單位之一的高雄警備府代表，自此有關日本投降的各種中文資料、書籍難以見到「高雄警備府」，引發大面積誤讀。日本海軍高雄警備府相當陸軍軍級，作戰地域是日本西南諸島、臺灣澎湖，駐臺灣澎湖地區官兵 5.6 萬。

　　1946 年 7 月 4 日，中國戰區日本官兵善後總聯絡部正式撤銷。

日軍繳械投降前的幾項主要異動

　　日軍瀕臨戰敗時大幅調整兵力部署，8 月 9 日遠東戰役發起後又從中國關內調兵增援，八一五日本宣布投降之後有的部隊奉中國方面命令前往集結繳械地點。一支部隊在八一五前、八一五後、投降繳械時所在位置可能有大的變化，有的隸屬關係改變了、有的尚未及改變，必須一一區別。

　　日本戰敗前夕日軍《大陸命 1374 號》規定關東軍、中國派遣軍分界線是「山海關—（熱河省寧城縣）大城子—（熱河省克什克騰旗）達里諾爾湖東端—（外蒙古）右古吉爾廟」，包括承德的熱河省西南部劃入中國派遣軍作戰地域。駐熱河的關東軍第 108 師團主體撤至錦縣，以第 108 師團步兵第 240聯隊為基幹編組承德支隊，編入中國派遣軍。

　　根據雅爾塔會議精神，盟軍最高統帥部《第 1 號命令》規定蘇軍在中國受降區域是東三省，整個熱河省屬於中國戰區受降範圍，承德支隊在中國派遣軍序列投降繳械。

　　6 月 10 日中國派遣軍南京會議決定華南前線第 3、13、27、34、40、131師團改由總軍直轄，沿長江開往京滬地區，日本宣布投降時到達地：第 3 師

團岳陽東北雲溪，第 13 師團衡陽、零陵一線，第 27 師團南昌附近，第 34 師團江西安義，第 40 師團南昌以南三江口，第 131 師團岳陽以南長樂街。後再奉中國陸總命令 6 個師團分赴鎮江、九江、無錫、浦鎮、蕪湖、安慶集結繳械投降。

6 月間第 34 軍司令部從漢口調北部朝鮮咸興，編入關東軍序列。第 47 師團隨第 34 軍司令部從湖南北調，日本投降時到達泰安、濟南一線。

5 月老河口作戰後，在第 12 軍序列參戰的戰車第 3 師團調往北平，獨立混成第 92 旅團轉隸上海第 13 軍尚未執行，留置河南鄧城擔任戰場警備。

8 月 1 日華北方面軍令保定幹部候補生隊的 7 個步兵中隊、4 個炮兵中隊等組成伊藤支隊派往居庸關—八達嶺執行作戰任務，保定幹部候補生隊長伊藤義彥少將擔任支隊長。

8 月 4 日越北第 22 師團奉命經寮國開往泰國，未完成，一部向中國第 1 方面軍投降。

遠東戰役發起後上海第 118、161 師團緊急北調，分別中止於天津、南京；杭州第 6 軍司令部、嘉興第 70 師團、奉化獨立混成第 89 旅團緊急北調，分別中止於南京、蚌埠、上海。

侵入滇西的南方軍部隊已被消滅殆盡，殘部退回緬甸。

1945 年初侵入貴州都勻、獨山的第 11 軍部隊退回廣西，7 月底收縮在桂林以北，8 月 17 日從廣西全縣撤至湖南祁陽、衡陽，奉第 6 方面軍命令下屬部隊交湖南第 20 軍指揮、軍司令等赴漢口待命。第 11 軍部隊後再奉中國陸總命令轉到南潯地區繳械。

遠東戰役時駐蒙軍司令部及獨立混成第 2 旅團在張家口以北與蘇蒙騎兵機械化集群交戰後撤至北平、昌平沙河鎮。駐熱河的承德支隊撤至密雲。

8 月 21 日華北方面軍司令下村定大將赴東京就任東久邇宮稔彥王內閣陸軍大臣，所遺職務由駐蒙軍司令根本博中將兼任。

以上日軍繳械投降前的幾項主要異動，與最終受降情況密切關聯。例如原隸屬駐蒙軍的第 118 師團於 1944 年 7 月在大同由獨立步兵第 9 旅團升級編成，1945 年 4 月改隸第 13 軍移駐上海，8 月 9 日從上海北調滿洲，因察哈爾方向形勢突變，又變更命令赴張家口，8 月 15 日中止於天津，最終在此地繳械。涉及第 118 師團的位置與隸屬情況須看具體時段。

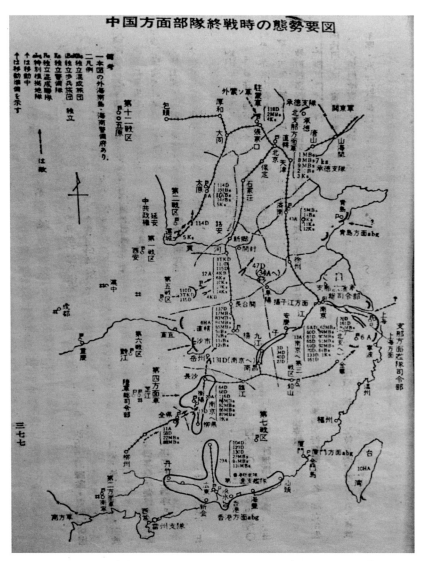

圖 24-1　日本宣布投降時中國關內戰場日軍分布態勢（服部卓四郎《大東亞戰爭全史》第 4 冊）。日本陸軍部隊代碼：CGA／中國派遣軍、HA／方面軍、A／軍、D／師團、TKD／戰車師團、FD／飛行師團、MBs／獨立混成旅團、IBs／獨立步兵旅團、Ks／獨立警備隊、KB／騎兵旅團，海軍部隊代碼：CSF／中國方面艦隊、CF／遣華艦隊、abg／特別根據地隊。圖中「雷州支隊」是廣州地區獨立混成第 23 旅團的派出部隊。該圖存有一些錯誤：駐蒙軍第 118 師團已於 5 月從駐蒙軍轉調上海第 13 軍，8 月 13 日再從上海地區北調，15 日中止於天津；第 12 軍第 3 戰車師團老河口作戰後已從河南移往平津；標注為開封南行進中的第 47 師團 8 月 15 日實已到達濟南南；第 12 軍獨立混成第 92 旅團轉隸上海第 13 軍尚未執行，實際位於河南鄢城。

十六區受降

中國陸總《軍字第 9 號命令》規定除臺灣區與越北區外各受降地區不舉行正式儀式，只須日軍指揮官當面受領有關命令、并簽具受領證。但實際情況是絕大多數受降區舉行了正式儀式。儀式由中國軍隊受降主官主持，將《第1 號命令》交付日軍投降指揮官（中國陸總指定的日本陸軍方面軍司令或軍司令），日軍投降指揮官在受領證簽字表示執行（這個受領證常被稱為投降書），儀式有盟軍與中國官兵、地方官員及新聞記者參加。各區投降日軍集中繳械地點百餘處。

日軍投降部隊單位統計至陸海軍第 4 級作戰部隊，即陸軍的師團、獨立旅團、獨立警備隊等，海軍的戰隊、根據地隊、聯合航空隊等。日軍中國派遣軍在各區投降的官兵數依據日本防衛廳編《昭和二十年的中國派遣軍》。

1. 京滬地區

第 3 方面軍曾擔負桂柳反攻戰之北路。8 月 30 日始，受降部隊新 6 軍廖耀湘部自芷江空運南京、第 94 軍牟廷芳部自柳州空運上海。9 月 4 日第 3 方面軍副司令張雪中、鄭洞國一行自柳州飛抵上海，在南京路華懋飯店設前進指揮所。7 日，司令湯恩伯抵滬，9 日參加南京典禮。

日軍第 6 軍司令十川次郎任「京滬地區日本官兵善後連絡部長」，設南京、上海兩名投降主官，分別是十川次郎與第 13 軍司令松井太久郎。本區沒有舉行簽字儀式。

《中央日報》報導，9 月 11 日下午第 3 方面軍司令湯恩伯中將在上海華懋飯店司令部召見日軍第 13 軍司令松井太久郎、參謀長土居明夫、中國派遣軍總參謀副長兼上海陸軍部長川本芳太郎、海軍上海方面特別根據地隊司令森德治，交付《滬字第 1 號命令》，飭令日軍自 12 日起繳械投降。該報導並稱關於南京方面的受降湯恩伯已在南京召見第 6 軍司令十川次郎當面詳細規定。

十川次郎領衛投降的部隊：中國派遣軍總司令部（南京）、第 6 軍司令部（南京）、第 3 師團（鎮江）、第 34 師團（浦鎮）、第 40 師團（蕪湖）、第 161 師團（南京、句容）、第 13 飛行師團（南京）。

松井太久郎領衛投降的部隊：第 13 軍司令部（上海）、第 27 師團（蘇州、無錫）、第 60 師團（蘇、錫、常）、第 61 師團（吳淞口）、第 69 師團（崑山）、

獨立混成第 89 旅團（真如）、獨立混成第 90 旅團（南通）、中國方面艦隊司令部（上海）、上海方面特別根據地隊、上海海軍陸戰隊。

投降官兵「上海 165000 人、南京 138830 人」（《昭和二十年的中國派遣軍》注明兩數字包括杭州地區投降日軍在內）。

2. 山西地區

終戰時第 2 戰區駐地山西省吉縣南村坡，8 月 18 日第 2 戰區北路軍總司令楚溪春 11 人進入太原成立前進指揮所。本區沒有舉行簽字儀式，據中央社太原 13 日電：

「13 日上午 11 時舉行之晉境日軍投降簽字，率何總司令電令未舉行儀式。由閻（錫山）長官對日軍送出命令第一號，令日軍自即日起，接受閻長官命令。日本軍華北派遣第一軍司令官陸軍中將澄田賚四郎代表、陸軍少將山岡道武（參謀長）將該軍保管兵器目錄，山西省地區航空部隊保管兵器目錄，交閻長官指定之受降代表第七集團軍總司令陸軍中將趙承綬，由趙總司令將閻長官第一號命令授與山岡參謀長。山岡受領後，旋即代表呈送受領證。」

投降日軍部隊是第 1 軍司令部（太原）、第 114 師團（臨汾移榆次）、獨立混成第 3 旅團（崞縣）、獨立步兵第 10 旅團（太原）、獨立步兵第 14 旅團（沁縣）、第 5 獨立警備隊（陽泉）。

日軍第 1 軍與駐蒙軍以內長城為界，中國戰區規定山西省境內日軍都向第 2 戰區投降，駐大同的日軍第 4 獨立警備隊隸屬駐蒙軍，但在本區投降。合計接受投降官兵 58000。

3. 南潯地區

日軍第 11 軍是華中、華南地區的主要野戰集團，規模最大時達 10 個師團 40 萬人。日本宣布投降時第 11 軍僅轄 1 個師團、2 個獨混旅團，收縮在廣西全縣，旋即退入湖南，再奉中方令開往南昌、九江地區，多年與第 11 軍交戰的第 9 戰區得以受降第 11 軍。

8 月 31 日第 9 戰區長官、粵系將領薛岳上將致第 11 軍司令笠原幸雄第 1 號備忘錄，令南潯地區日軍分別向第 58 軍軍長魯道源、新 3 軍軍長楊宏光投降。9 月 3 日第 9 戰區新 3 軍進抵九江，9 月 5 日楊宏光在沙河街司令部召見日軍代表，第 11 軍司令笠原幸雄、參謀長福富伴藏專程從武漢到此。

9 月 9 日第 9 戰區前進指揮所主任、第 58 軍軍長魯道源從樟樹進抵南昌。14 日 12 時在南昌中山路中央銀行大樓舉行第 9 戰區受降儀式，第 11 軍

司令笠原幸雄簽字投降。

日軍投降部隊：第 13 師團（湖口）、第 58 師團（黃梅）、獨立混成第 22 旅團（武穴）、獨立混成第 84 旅團（彭澤）、獨立混成第 87 旅團（都昌）、獨立步兵第 7 旅團（吳城），以及海軍揚子江方面特別根據地隊下屬九江警備隊，投降陸軍官兵 66830 人。

薛岳於 9 月 14 日從遂川抵吉安，26 日到達南昌，召見笠原幸雄。

南潯地區絕大部分投降日軍分布在九江附近長江沿岸（日軍補給線），中心城市南昌僅有獨立步兵第 7 旅團，致使新 3 軍在九江的受降有喧賓奪主之勢，常被一些資料誤解。

4. 杭州廈門地區

第 3 戰區作戰地域為蘇南、皖南、閩、浙，原駐杭州日軍第 6 軍司令部已調走，本區沒有軍級首腦機關，派第 13 軍司令松井太久郎任投降主官，未舉行簽字儀式

據《中央日報》，9 月 13 日第 3 戰區長官顧祝同抵達杭州視事。9 月 15 日，在杭州基督教青年會會所顧祝同召見松井太久郎的代表、第 133 師團長野地嘉平，將第 1、2 號命令交付野地嘉平轉松井太久郎，飭令日軍自 16 日起繳械投降。同時被召見的有第 133 師團參謀長樋澤一治及原獨立混成第 62 旅團長長嶺喜一。

此前 9 月 4 日第 3 戰區副長官兼前進指揮所主任韓德勤在杭州城郊富陽縣宋殿村主持與日軍第 133 師團參謀長樋澤一治的洽降會談。宋殿村現今以受降村聞名，杭州城裏也恰好沒有受降紀念地。

戰爭末期顧祝同兼任軍事委員會東南行營主任，節制第 3、7、9 戰區，這是他得以列座南京典禮受降長官席的原因，而杭州廈門地區的受降也就沒有正式儀式的必要了。

投降日軍部隊：第 133 師團（杭州）、獨立混成第 62 旅團（松江、嘉善）、獨立混成第 91 旅團（慈城）、海軍廈門方面特別根據地隊，以及上海方面特別根據地隊下屬舟山警備隊 2000 餘人。投降日本陸海軍官兵估計約 3.3 萬（獨立混成第 62 旅團主力在京滬地區繳械）。

日軍曾侵佔溫州、台州、福州，此時已被逐出。廈門、杭州空距 670 公里，廈門日軍就地繳械、遣返。9 月 27 日，中國海軍第 2 艦隊司令李世甲少將、海軍廈門要港部司令劉德浦少將自漳州乘船抵達廈門港，28 日在鼓浪嶼

海濱旅社舉行受降儀式，日軍廈門方面特別根據地隊司令原田清一海軍中將簽字，投降日軍 2810 人。

5. 長衡地區

第 4 方面軍作戰地域為湘黔邊，芷江作戰主力。日軍第 20 軍進攻湘西失敗後收縮在長沙、衡陽、岳陽等地。

8 月 29 日第 4 方面軍副參謀長羅辛理在長沙設前進指揮所，受降部隊 9 月 7 日進駐長沙，9 月 14 日第 4 方面軍司令王耀武中將由辰溪飛抵長沙，15 日在嶽麓山湖南大學科學館主持日軍投降簽字儀式，日軍第 20 軍司令坂西一良中將、參謀長伊知川庸治少將出席，坂西一良簽字。

投降日軍部隊：第 20 軍司令部（長沙）、第 64 師團（湘陰）、第 68 師團（衡陽）、第 116 師團（岳陽）、獨立混成第 17 旅團（岳陽）、獨立混成第 81 旅團（株洲）、獨立混成第 82 旅團（新牆河）、第 2 獨立警備隊（長沙）。

日本投降前夕第 20 軍下屬第 116 師團從寶慶北移到達岳陽附近，岳陽原駐有第 6 方面軍直轄獨立混成第 17 旅團，中國陸總 8 月 22 日第 4 號備忘錄原定該兩部日軍開赴武昌向中國第 6 戰區投降繳械，後改為就地集結並劃歸中國第 4 方面軍受降。另有第 20 軍下屬獨立混成第 86 旅團自永豐移駐湖北嘉魚，獨立混成第 87 旅團自郴縣移駐江西都昌，分別進入第 6、9 戰區受降地域。

本區投降日軍官兵 70180 人。坂西一良於 1946 年羈押南京期間病死。

6. 廣州海南島地區

第 2 方面軍由第 4 戰區改制，擔任兩廣地區作戰，廣西反攻時收復南寧、柳州，進逼廣州。對應受降日軍第 23 軍及海軍部隊。

受降部隊新 1 軍 9 月 7 日進抵廣州，第 2 方面軍司令、粵系將領張發奎上將 9 月 15 日到達，16 日 10 時在中山紀念堂主持日軍投降簽字儀式，日軍第 23 軍司令田中久一中將簽字，第 23 軍參謀長富田直亮少將、海南警備府參謀肥後市次海軍大佐出席。

投降日軍部隊是第 23 軍司令部（廣州）、第 104 師團（惠州）、第 129 師團（東莞）、第 130 師團（順德）、獨立混成第 23 旅團（廣州）、獨立步兵第 8、13 旅團（廣州）、獨立混成第 31 聯隊（寶安）、海軍海南警備府，以及海軍香港方面特別根據地隊下屬廣州警備隊。投降官兵陸軍 83890，海軍 49400 人。

田中久一、第 130 師團長近藤新八 1947 年被中國軍事法庭處決。

8 月 21 日中國戰區首次公布受降區及受降主官，第 2 方面軍負責「廣州

香港雷州半島海南島」受降。日軍大本營 9 月 2 日《大陸命特 1 號》(當然是盟軍最高統帥部授意) 列出英軍哈考特少將受降香港日軍。9 月 4 日中國陸總再次公布各區受降主官,第 2 方面軍受降地改為「廣州海南島地區」。9 月 9 日中國陸總《軍字第 1 號命令》各受降區日軍指揮機關改稱日軍官兵善後聯絡部並公布部長名單,並稱「香港地區日軍之善後處理,由英國海軍少將哈考特規定之」。

田中久一在廣州簽字投降同日 (9 月 16 日),中國戰區香港日軍向英軍司令兼臨時軍政府長官哈考特投降,第 23 軍司令兼香港佔領地總督田中久一的代表山津善九郎大佐出席,香港防衛隊司令岡田梅吉少將、第 2 遣華艦隊司令藤田類太郎中將在投降書簽字,投降官兵 2850 人。根據盟國間商定,香港日軍的物資裝備由中方接收。

1943 年美、英等國放棄在華利益時,英國認為香港非通商口岸制度下的產物而拒絕放棄香港。中英關於香港地區的割讓、租借訂有正式條約,而英國又是同盟國之一,兩大因素不幸同時發生著,香港受降問題遂成糾結,即便能解決受降問題,當時也解決不了主權問題。

7. 武漢地區

第 6 戰區擔任鄂西、湘西北作戰,受降駐湖北日軍。

第 6 戰區長官、陝系將領孫蔚如中將 9 月 1 日自恩施抵宜昌,受降部隊第 10 集團軍總司令王敬九 9 月 15 日抵漢口,9 月 18 日孫蔚如在漢口中山公園張公祠主持日軍投降簽字儀式,日軍第 6 方面軍司令岡部直三郎大將簽字,參謀長中山貞武少將、參謀副長福原伴藏少將、第 2 課長岡田芳政大佐等出席。

投降日軍部隊是第 6 方面軍司令部 (漢口)、第 132 師團 (天門、岳口),獨立混成第 83 旅團 (黃陂)、獨立混成第 85 旅團 (應城)、獨立混成第 86 旅團 (嘉魚)、獨立混成第 88 旅團 (金口),獨立步兵第 5 旅團 (仙桃)、獨立步兵第 11 旅團 (孝感)、獨立步兵第 12 旅團 (咸寧)、海軍揚子江方面特別根據地隊 (漢口)。投降陸軍官兵 142600 人,海軍約數千。岡部直三郎於 1946 年上海羈押期間病死。

8. 鄖城地區

第 1 戰區作戰地域豫西、陝西,第 5 戰區作戰地域豫西南、鄂西北。1945 年 4 月中旬老河口作戰結束後,第 1 戰區部隊在豫西洛寧一線、第 5 戰區部隊在老河口與西峽口一線與日軍第 12 軍對峙。劃定受降權時將日軍第 12 軍

分割為兩部分：隴海沿線及以北歸第 1 戰區，豫南歸第 5 戰區。日軍第 12 軍司令兼任兩區投降主官，軍司令部向第 1 戰區投降。

第 5 戰區長官劉峙上將 8 月 25 日抵老河口，9 月 7 日抵南陽，19 日到達郾城縣漯河鎮，20 日在漯河山西會館（現漯河市西大街 25 號漯河二中院內）主持日軍投降簽字儀式，日軍投降代表是第 12 軍司令鷹森孝中將、軍參謀長中山源夫少將、第 115 師團長杉浦英吉中將等，鷹森孝簽字。

投降日軍部隊是第 115 師團（郾城）、騎兵第 4 旅團（商丘）、獨立混成第 92 旅團（許昌）、第 13 獨立警備隊（許昌）、第 14 獨立警備隊（郾城）。1946 年修建的漯河受降紀念碑碑文稱日軍 31560 人在此投降。

9. 新汴地區

9 月 18 日第 1 戰區長官胡宗南中將抵鄭州，9 月 22 日 9 時在鄭州長春路聖公會堂主持日軍投降簽字儀式，參謀長范漢傑等列座。日軍第 12 軍司令鷹森孝簽字，參謀長中山源夫、高級參謀折田正男等出席。投降日軍部隊是第 12 軍司令部（鄭州）、第 110 師團（洛陽）、第 6 獨立警備隊（新鄉）、第 10 獨立警備隊（鄭州）。

郾城區、新汴區合計接受投降官兵 72740 人。

中國陸總 10 月 2 日《誠字 39 號訓令》將郾城、新汴兩受降地區合併，改稱河南地區，日軍聯絡部長鷹森孝。

10. 徐海地區

第 10 戰區駐蘇魯豫皖邊，受降地點原定徐州（汪兆銘政權淮海省治所），本區沒有日軍軍級首腦機關，第 6 軍司令被指派為投降主官。

第 10 戰區第 19 集團軍陳大慶部 9 月初從安徽臨泉開抵徐州，9 月 10 日後接奉陸總《軍字 22 號令》受降地點改為蚌埠（汪兆銘政權安徽省治所），第 10 戰區隨即以第 21 集團軍副總司令張淦為主任在蚌埠設前進指揮所，受降部隊第 7 軍進駐蚌埠，日軍第 6 軍參謀長工藤良一奉命來此洽降。9 月 17 日第 10 戰區長官、桂系將領李品仙上將率領長官部自金寨縣駐地出發至六安，再循渦河、淮河水路 22 日到達蚌埠。

9 月 24 日下午 3 時李品仙在蚌埠二馬路省府會議廳主持日軍投降簽字儀式，日軍代表有第 6 軍司令十川次郎、參謀長工藤良一、第 70 師團長內田孝行等，十川次郎簽字。

投降日軍部隊：第 65 師團（徐州、海州）、第 70 師團（蚌埠、固鎮）、

第 131 師團（安慶）、獨立步兵第 6 旅團（銅陵大通）、第 1 獨立警備隊（滁縣）。投降官兵合計 42370 人。其中安慶地區已於 9 月 15 日由 48 軍軍長蘇祖馨主持受降，第 10 戰區參謀長董英斌出席。

10 月 4 日，陸總《誠字 45 號訓令》徐海地區改稱蘇皖地區。

11. 包綏地區

1933 年日軍侵佔熱河省，納入溥儀政權管轄，屬關東軍作戰地域。盟軍《第 1 號命令》規定熱河省屬於中國戰區受降範圍，陸總第 1 號備忘錄確定第 12 戰區（1945 年 6 月 26 日在綏遠省五原縣組建）受降地域是熱河、察哈爾、綏遠三省，受降日軍駐蒙軍（其中山西省雁北日軍向第 2 戰區投降）。由於遠東戰役後熱河、察哈爾日軍已轉移到平津地區，第 12 戰區受降地域後來縮小為綏遠省。本區沒有舉行正式受降儀式，中央社歸綏 5 日電：

「日蒙疆軍司令官根本博中將之參謀長中川留雄少將，遵照第 12 戰區傅作義司令長官電令，9 月 28 日午由平飛往歸綏，請示綏遠日軍繳械事宜，傅司令長官除面示一切外，並交付訓令一件，中川少將領受，於受領證簽字蓋章遵照執行。」

9 月 26 日駐蒙軍第 4 獨立警備隊（司令部駐山西大同）下屬的獨立警備步兵第 21、24 大隊在包頭繳械。本區投降日軍作戰部隊只有兩個大隊，以致很多資料誤讀投降部隊番號與人數。

12. 越北地區

第 1 方面軍第 60、93 軍等部隊有滇軍背景，受命赴越北受降日軍南方軍直轄第 38 軍。9 月 2 日日軍第 38 軍參謀酒井干城、第 21 師團參謀三好秀男赴雲南開遠洽降。

9 月 18 日第 1 方面軍司令、滇系將領盧漢上將率部抵河內，9 月 28 日在越南總督府主持受降，第 1 方面軍正副參謀長馬鍈、尹繼勳列座，日軍南方軍直屬第 38 軍司令土橋勇逸中將簽字投降，參謀長幸道貞治大佐等出席。

法國殖民軍曾要求與中國軍隊共同受降，中國陸軍總司令部參謀長肖毅肅以不符盟軍《第 1 號命令》回絕，法軍代表因此沒有出席 9 月 28 日受降儀式。

第 38 軍司令部（河內）及下屬第 21 師團（河內、海防）、獨立混成第 34 旅團（土倫）向中國軍隊繳械。第 38 軍第 22 師團原駐越北順化，8 月 4 日奉命轉隸泰國第 18 方面軍，師團主力包括步兵第 85、86 聯隊已到達曼谷，後

向英軍繳械投降，還有步兵第 84 聯隊尚在順化，在本區向中國第 1 方面軍投降。1945 年 11 月 9 日盧漢宣布接受投降日軍 30081 人。

1946 年 4 月越北日軍官兵全部遣返回國，其中列為戰犯嫌疑的 189 人解送廣州，中國軍隊於 5、6 月間撤回國內。

越南南部第 38 軍第 2、55 師團，駐西貢海軍第 11 根據地隊向英軍投降。

1942 年盟國劃分戰區時泰國與印度支那都屬於中國戰區，後來盟國之間關於泰國的歸屬有過一些不甚明確、沒有定論的調整磋商，盟軍最高統帥部《第 1 號命令》最終將泰國與印度支那南部劃為東南亞戰區受降地域。日本南方軍總司令部終戰時駐南部越南大咄，如果法屬印度支那全歸中國戰區，則中國戰區受降日軍中國派遣軍與南方軍兩個總軍司令部，而英國人主持的東南亞戰區受降區域沒有日軍總軍司令部，這可能是《第 1 號命令》明確將南部法屬印度支那劃歸東南亞戰區的理由之一。

13. 潮汕地區

第 7 戰區駐粵贛邊，第 1 號備忘錄劃定受降地域是「曲江、潮汕」，第 4 號備忘錄縮小為「汕頭」，對應日軍第 23 軍下屬部隊。本區日軍人數很少，且沒有完整的獨立旅團級以上單位，投降主官由廣州第 23 軍司令兼任。

第 7 戰區前進指揮所主任徐景唐 9 月 12 日抵達汕頭，代表第 7 戰區長官兼第 12 集團軍總司令、粵系將領余漢謀上將主持受降。9 月 28 日 9 時受降儀式在汕頭外馬路原國際俱樂部舉行，日軍第 23 軍司令田中久一的代表、軍參謀長富田直亮出席簽字。

駐潮州、汕頭日軍有第 130 師團第 94 旅團的獨立步兵第 281、621 大隊與師團炮兵隊等，步兵第 94 旅團長小野修少將兼任潮汕警備司令官，合計投降官兵 4460 人。

9 月 18 日中國陸總令「在惠州附近之日軍第 104 師團由第 7 戰區余漢謀長官接收」，10 月 15 日第 7 戰區第 63 軍在惠州單為第 104 師團舉行受降式，第 7 戰區參謀長繆培南主持，日軍第 104 師團長末藤知文簽字投降。

14. 平津保地區

為準備攻略冀熱魯三省 1945 年 6 月在西安新組建第 11 戰區，日本投降後進駐北平，受降日軍華北方面軍司令部及在平津、河北地區直屬部隊。

9 月 9 日第 11 戰區參謀長呂文貞一行單機自西安飛抵北平設前進指揮所，隨即展開洽降。10 月 8 日第 11 戰區長官、西北將領孫連仲上將自西安經

新鄉抵北平視事。

原軍事委員會漢中行營改為北平行營，節制第 11、12 戰區。北平行營參謀長王鴻韶 9 月 20 日自陝西南鄭飛抵北平，但行營主任李宗仁未到北平期間所有軍政機關、部隊歸孫連仲指揮。

平津保地區受降是唯一在露天場所舉行、有民眾參加的日軍投降簽字儀式。10 月 10 日孫連仲在故宮太和殿前廣場主持受降，美國海軍陸戰隊第 3 兩栖軍長洛基中將出席。日軍代表華北方面軍司令兼駐蒙軍司令根本博中將、華北方面軍參謀長高橋坦中將等 22 人出席，根本博在投降書簽字，日軍代表當場交出軍刀。

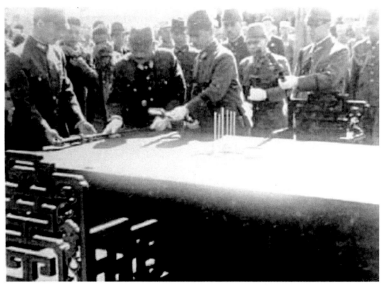

圖 24-2　平津保地區簽字結束後日軍投降代表解下佩刀擺放簽字桌上，這一獻刀方式是中國戰區唯一的。麥克阿瑟特別規定不舉行收繳日軍副武器儀式，中國陸總 9 月 2 日備忘錄轉發此規定：日軍正式投降時不得佩刀，投降後軍刀與其他武器一律收繳。實際上英軍、澳軍依各自習慣未執行麥克阿瑟的規定，如 9 月 12 日新加坡日軍投降代表在簽字投降儀式會場外向英軍正式交出佩刀，9 月 13 日東部新幾內亞島韋瓦剋日軍第 18 軍司令安達二十三攜刀進入儀式現場領受投降命令，然後向澳軍第 6 師師長羅伯遜獻刀、在投降書簽字。

投降日軍部隊：華北方面軍司令部（北平）、戰車第 3 師團（豐臺）、獨立混成第 1 旅團（定縣）、獨立混成第 8 旅團（通縣）、獨立混成第 9 旅團（滄縣）、獨立步兵第 2 旅團（石家莊）、第 3 獨立警備隊（北平）、第 7 獨立警備

隊（保定）、伊藤義彥支隊（居庸關）。

第 13 軍第 118 師團 8 月 10 日從上海地區緊急北調，主力中止於天津，駐蒙軍司令部及獨立混成第 2 旅團 8 月 15 日後自張家口轉移到昌平縣沙河鎮，原關東軍承德支隊改隸中國派遣軍轉移到懷柔，均在本區投降。

總計投降官兵 126800 人。

此前 10 月 6 日，美國第 3 兩栖軍長洛基在天津承德道舊法租界公議局大樓廣場接受日軍第 118 師團長內田銀之助的投降。此時戰區長官孫連仲尚未到職，呂文貞受邀赴津出席，其回憶錄稱事先並不知情，意謂天津受降係出於盟軍高層磋商安排。

15. 臺灣地區

新成立臺灣警備總司令部負責臺灣地區受降，日軍包括第 10 方面軍與高雄警備府，派往受降的部隊是第 70、62 軍與海軍第 2 艦隊。

1895 年 6 月 2 日，中國專使李經方與日本臺灣總督樺山資紀在基隆三貂角海域日船西京丸正式辦理交接臺灣手續。50 年後的 9 月 14 日中國空軍第 1 路司令張廷孟一行單機自南京飛往臺灣，13 時半在臺北松山機場著陸，張廷孟視察了各地航空設施，5 天後返回。10 月 5 日臺灣警總前進指揮所主任葛敬恩率部正式進駐臺北，10 月 24 日臺灣省行政長官兼臺灣警備總司令陳儀抵達。10 月 25 日，中國戰區臺灣省接受日軍投降典禮在臺北公會堂舉行。

日方投降代表第 10 方面軍司令兼臺灣總督安藤利吉大將、參謀長諫山春樹中將，高雄警備府參謀長中澤佑海軍少將等 5 人出席。安藤利吉在投降書簽字。

受降主官陳儀，出席者有臺灣警總副司令陳孔達、參謀長柯遠芬、行政長官公署秘書長葛敬恩、第 70 軍軍長陳頤鼎、海軍第 2 艦隊司令李世甲、空軍第 1 路司令張廷孟。

投降日軍部隊：第 10 方面軍司令部（臺北）、第 9 師團（新竹）、第 12 師團（臺南）、第 50 師團（潮州）、第 66 師團（臺東）、第 71 師團（嘉義）、第 8 飛行師團（臺中）、獨立混成第 75 旅團（豐原）、獨立混成第 76 旅團（善化）、獨立混成第 100 旅團（高雄）、獨立混成第 102 旅團（花蓮）、獨立混成第 103 旅團（嘉義）、獨立混成第 112 旅團（蘇澳）、高雄警備府司令部、高雄方面特別根據地隊、馬公方面特別根據地隊、第 29 航空戰隊（新竹）。

投降官兵第 10 方面軍 128080 人、高雄警備府 46713 人。安藤利吉 1946

年 4 月在上海監獄自殺。

駐西南諸島的第 10 方面軍下屬第 32 軍、高雄警備府下屬沖繩根據地隊 9 月 7 日在沖繩島向美國陸軍第 10 集團軍司令史迪威上將投降，陸海軍兩支殘部合計 5 萬人。

獨立混成第 61 旅團駐防呂宋島北方之巴布延群島，原屬第 14 方面軍，呂宋島日軍潰敗後於 1945 年 7 月轉隸第 10 方面軍，計劃調臺灣北部未及實施，日本戰敗後回歸第 14 方面軍序列投降繳械。

16. 青島濟南地區

黃河以南的魯蘇戰區已於 1943 年撤銷，部隊併入皖北。新成立第 11 戰區副長官部擔任受降山東地區日軍。

9 月 2 日山東省主席何思源自昌樂縣進入濟南，9 月 16 日第 11 戰區副長官部前進指揮所主任楊業孔等 26 人自安徽臨泉飛抵濟南，前進指揮所設大明湖畔省圖書館。10 月 10 日第 11 戰區副長官李延年中將從徐州抵濟南。濟南、青島兩地日軍實際於 11 月底開始繳械。

12 月 27 日（1937 年日軍佔領濟南日）李延年在省圖書館主持日軍投降簽字儀式，日軍第 43 軍司令細川忠康簽字，軍參謀長寒川吉溢、第 47 師團長渡邊洋及第 43 軍參謀神保信彥、鈴木一郎五人出席。

投降日軍：第 43 軍司令部（濟南）、第 47 師團（泰安）、獨立混成第 5 旅團（青島）、獨立步兵第 1 旅團（張店）、第 9 獨立警備隊（濟南）、第 11 獨立警備隊（兗州）、第 12 獨立警備隊（坊子）、海軍青島方面特別根據地隊。投降陸軍官兵 70500 人，海軍數千。

此前 10 月 25 日，美國第 6 陸戰師長謝伯爾少將在青島匯泉跑馬場接受日軍獨立混成第 5 旅團長長野榮二的投降，中國軍政部特派員陳寶倉中將與第 11 戰區副長官部駐青島辦事處長出席。

16 個受降地區有京滬、山西、杭州廈門、包綏地區未舉行正式的公開受降式，平津保地區受降式規模最大，京滬地區受降人數最多（27 萬）、級別最高。

受降主官山西閻錫山、南潯薛岳、潮汕余漢謀未出席受降儀式或正式召見日軍投降代表。

實際受降主持人級別最低的是南潯地區魯道源。

日軍投降指揮官山西地區澄田賚四郎、杭州廈門地區松井太久郎、包綏地區根本博、潮汕地區田中久一未到場親自投降。

　　投降日軍五大單位之一的高雄警備府司令志摩清英海軍中將未在南京受降典禮與臺灣地區受降典禮露面。

表 24　中國戰區各受降區日軍單位、人數（以受降時間為序）

受降地區	陸　軍		海　軍	
	單　位	人　數	單　位	人　數
京滬	京：CGA、6A、3D、34D、40D、161D、13FD 滬：13A、27D、60D、61D、69D、89MBs、90MBs	京 138830 滬 165000 （包括杭州）	中國方面艦隊、上海根據地隊、上海陸戰隊	缺
山西	1A、114D、3MBs、10IBs、14IBs、4Ks、5Ks	58000		
南潯	11A、13D、58D，22MBs、84MBs、87MBs、7IBs	66830		
杭州廈門	133D、62MBs、91MBs	約 3.1 萬	廈門根據地隊	2810
長衡	20A、64D、68D、116D、17MBs、81MBs、82MBs、2Ks	70180		
廣州海南島	23A、104D、129D、130D、23MBs、8IBs、13IBs	83890	海南警備府	49400
武漢	6HA、132D、83MBs、85MBs、86MBs、88MBs、5IBs、11IBs、12IBs	142600	揚子江根據地隊	缺
鄖城	115D、4KB、92MBs、13Ks、14Ks	72740		
新汴	12A、110D、6Ks、10Ks			
徐海	65D、70D、131D、6IBs、1Ks	41470		
包綏	4Ks 下屬獨立警備步兵第 21、24 大隊	缺		
越北	38A、21D、34MBs	30081		
潮汕	130D 下屬獨立步兵第 281、621 大隊等	4460		
平津保	華北 HA、駐蒙 A、118D、3TKD、1MBs、2MBs、8MBs、9MBs、2IBs、3Ks、7Ks、承德支隊	126800		

臺灣	10HA、9D、12D、50D、66D、71D、8FD、75MBs、76MBs、100MBs、102MBs、103MBs、112MBs	128080	高雄警備府、高雄根據地隊、馬公根據地隊、第29航空戰隊	46713
青島濟南	43A、47D、5MBs、1IBs、9Ks、11Ks、12Ks	70500	青島根據地隊	缺
人數合計	中國派遣軍1041300，第10方面軍128080，第38軍30081		中國方面艦隊63755(含香港) 高雄警備府46713	

注1：日本陸軍部隊代碼：CGA／中國派遣軍、HA／方面軍、A／軍、D／師團、TKD／戰車師團、FD／飛行師團、MBs／獨立混成旅團、IBs／獨立步兵旅團、Ks／獨立警備隊、KB／騎兵旅團

注2：廣州海南島區受降第2天，中國陸總《軍字18號命令》：「為便於廣東方面接收日軍之投降，茲改定如下1、在惠州附近之日軍第104師團由余漢謀長官接收」

投降日軍部隊及人數匯總

投降日軍部隊及人數（按五大單位）統計：

中國派遣軍——方面軍2、軍9、師團26、戰車師團1、飛行師團1、獨立混成旅團22、獨立步兵旅團11、騎兵旅團1、獨立警備隊13、支隊1，約105萬人。

第10方面軍——師團5、飛行師團1、獨立混成旅團6，128080人。

第38軍——師團1、獨立混成旅團1，30081人。

中國方面艦隊——警備府1、根據地隊4、（上海）陸戰隊1，約6.1萬人。

高雄警備府——根據地隊2、航空戰隊1，46713人。

合計向中國戰區投降日軍131.6萬，其中陸軍120.8萬、海軍10.8萬。

中文資料大多稱中國戰區受降日軍「128.32萬」，其來源是《中國戰區中國陸軍總司令部受降報告書》稱「接受日俘共1255000人」，1947年又修改為「128.32萬」。

131.6萬與128.32萬兩個數字分別對應受降與遣返兩個時間節點，差距原因是：日軍繳械後朝籍、臺籍官兵區別處理，各種原因的死亡，對徵用軍人、文職人員等身份確認。

自1937年7月7日盧溝橋事變至1945年8月15日日本宣布投降，日軍

在中國關內戰死 40.46 萬（其中海軍 22529 人），在中國東北戰死 4.6 萬（其中諾門坎邊境衝突、遠東作戰死於蘇軍 4 萬）。1931 年九一八事變至 1937 年七七事變期間，在中國東北戰死日軍、「公務死」非軍人 17176（據日本靖國神社）。

第 25 章　侵華日軍重要戰犯 224 人

　　1947 年 7 月，中國政府戰爭罪犯處理委員會公布日本重要戰犯 261 人名單。本章根據北京市檔案館編《絕對真相：日本侵華期間檔案史料選》第 360 ～372 頁（新華出版社 2005 年）日軍重要戰犯名單進行系統整理，附列其主要侵華經歷，訂正各種資料中的人名、軍銜、職務錯誤數十處。《絕對真相：日本侵華期間檔案史料選》所列 80 號「宮澤齊四郎中將，第 40 師團長」、103 號「安田卿輔，曾任第 105 師團長」、112 號「森田宣中將，第 25 師團長」，經考證該 3 人名字應是宮川清三（陸士 25）、津田美武（陸士 23）、森田彻（陸士 23）之誤，文中已改正。

陸軍重要戰犯 203 人

　　依陸軍士官學校畢業期數分列，以日文姓名字母為序。主要經歷、職務未加注地點者均指關內侵華戰場，未列最終軍銜者均為中將，預備役未列年份者均為最後職務截止年。

　　1. 陸士 4 期 1 人：

　　田中國重大將，臺灣軍司令（1926～1928），1929 年預備役，主持右翼組織明倫會，1939 年退役，1941 年亡。

　　2. 陸士 6 期 1 人：

　　南次郎大將，中國駐屯軍司令（1919～1921），九一八事變陸軍大臣，關東軍司令（1934～1936），預備役，甲級戰犯處終身監禁。

　　3. 陸士 7 期 1 人：

　　菊池武夫，1914～1919 年以參謀本部附應聘張錫鑾、段芝貴、張作霖顧

問，奉天特務機關長（1924～1926），1927 年預備役，國民精神總動員中央聯盟理事，興亞專門學校長。甲級戰犯嫌疑。

4. 陸士 8 期 1 人

林銑十郎大將，九一八事變時任朝鮮軍司令擅自派兵進入滿洲，陸軍大臣（1934～1935），1936 年預備役，首相（1937），1943 年亡。

5. 陸士 9 期 3 人

阿部信行大將，1936 年預備役，首相（1939～1940），汪兆銘政權大使，終戰朝鮮總督。

荒木貞夫大將，陸軍大臣（1931～1934），1936 年預備役，甲級戰犯處終身監禁。

松井石根大將，哈爾濱特務機關長（1922～1924），上海派遣軍司令、華中方面軍司令，淞滬作戰、攻佔南京日軍最高指揮官，1938 年退役，甲級戰犯處死。

6. 陸士 10 期 2 人

植田謙吉大將，1932 年淞滬作戰主力第 9 師團長，關東軍司令（1936～1939），預備役。

西義一大將，1933 年長城作戰第 8 師團長，1936 年預備役，1941 年亡。

7. 陸士 11 期 1 人

寺內壽一大將，華北方面軍司令（1937～1938），終戰南方軍總司令，1946 年西貢病死。

8. 陸士 12 期 4 人

杉山元大將，七七事變陸軍大臣，華北方面軍司令（1938～1939），參謀總長（1940～1944），陸軍大臣（1944），終戰本土第 1 總軍司令，1945 年 9 月自殺。

畑俊六大將，華中派遣軍司令（1938），陸軍大臣（1939～1940），中國派遣軍總司令（1941～1944），終戰本土第 2 總軍司令。甲級戰犯處終身監禁。

小磯國昭大將，關東軍參謀長（1932～1934），1938 年預備役，首相（1944～1945），甲級戰犯處終身監禁。

牛島貞雄，第 18 師團長（1937～1938），預備役。

9. 陸士 13 期 2 人

建川美次，九一八事變參謀本部第 1 部長，1936 年預備役，駐蘇大使，1945 年 9 月亡。

三宅光治，九一八事變關東軍參謀長，1936 年預備役，1940 年溥儀政權協和會中央本部長，1945 年 10 月死於蘇聯。

10. 陸士 14 期 8 人

西尾壽造大將，關東軍參謀長（1934～1936），第 2 軍司令（1937～1938），中國派遣軍總司令（1939～1941），1943 年預備役，甲級戰犯嫌疑。

山田乙三大將，華中派遣軍司令（1938～1939），關東軍總司令（1944～終戰）。

伊東政喜，第 101 師團長（1937～1938），1939 年預備役。

宇佐美興屋，關東軍騎兵集團長、第 7 師團長（1933～1936），1940 年預備役。

香月清司，中國駐屯軍司令、第 1 軍司令（1937～1938），預備役。

清水喜重，第 116 師團長（1938～1939），預備役。

末松茂治，南京暴行第 114 師團長（1937～1939），預備役。

山室宗武，第 11 師團長（1937～1938），終戰陸軍炮兵監。

11. 陸士 15 期 10 人

梅津美治郎大將，中國駐屯軍司令（1934～1935），第 1 軍司令（1938～1939），關東軍總司令（1939～1944），參謀總長（1944～終戰），甲級戰犯處終身監禁。

多田駿大將，溥儀政權軍政部最高顧問（1932～1934），中國駐屯軍司令（1935～1936），華北方面軍司令（1939～1941），預備役，甲級戰犯嫌疑。

上村清太郎，關東軍第 12 師團長（1938～1940），1941 年預備役。

川岸文三郎，第 20 師團長（1936～1938），1939 年預備役。

河村恭輔，關東軍第 1 師團長（1936～1938），預備役。

谷壽夫，南京大屠殺時第 6 師團長，1939 年預備役。廣島原子彈爆炸時第 59 軍司令藤井洋治死去，8 月 12 日谷壽夫被緊急召集接任。1947 年處死。

德川好敏，航空兵團／臨時航空兵團司令（1936～1938），終戰陸軍航空士官學校長。

中島今朝吾，南京大屠殺元兇第 16 師團長，關東軍第 4 軍司令（1938～

1939），預備役，1945 年 10 月死亡。

松浦淳六郎，第 106 師團長（1938～1939），1939 年恢復預備役，1944 年亡。

山岡重厚，第 109 師團長（1937.8～1938），終戰四國軍管區附。

12. 陸士 16 期 11 人

安藤利吉大將，第 5 師團長、第 21 軍司令、華南方面軍司令（1938～1940），臺灣軍司令、第 10 方面軍司令、臺灣總督（1941～終戰），1946 年上海監獄自殺。

板垣征四郎大將，九一八事變時關東軍高級參謀，溥儀政權軍政部最高顧問、關東軍參謀副長、參謀長（1934～1937），第 5 師團長（1937～1938），陸軍大臣（1938～1939），中國派遣軍總參謀長（1939～1941），終戰新加坡第 7 方面軍司令，甲級戰犯處死。

土肥原賢二大將，1931 年 8 月奉天特務機關長，九一八事變主犯，奉天臨時市長，組織勸誘溥儀到東北。1933～1936 年再任奉天特務機關長，1935 年 6 月處理張北事件，10 月配合中國駐屯軍參與製造冀東事變。1937 年任第 14 師團長參加華北、徐州作戰。1938 年 6 月在北平主持策反北洋系上層。1939～1940 年任關東軍第 5 軍司令，終戰陸軍教育總監。侵華經歷逾 20 年，是青木宣純、坂西利八郎之後中國通第三人。甲級戰犯處死。

磯谷廉介，第 10 師團長（1937～1938），關東軍參謀長（1938～1939），香港佔領地總督（1942～1944），預備役。

牛島實常，第 20 師團長（1938～1939），1941 年預備役.

小畑敏四郎，參謀本部作戰課長（1926～1928），九一八事變後再任此職，日本陸軍擴張戰略主要策劃者，1936 年預備役，1947 年亡。

桑木崇明，第 110 師團長（1938～1939），預備役，1945 年 12 月亡。

尾高龜藏，第 12 軍司令、關東軍第 3 軍司令（1938～1941），預備役。

園部和一郎，第 11 軍司令（1940～1941），終戰久留米師團管區司令。

藤田進，第 3 師團長、第 13 軍司令（1937～1940），終戰金澤師團管區司令。

松井命，關東軍第 4 師團長（1937～1938），1940 年預備役。

13. 陸士 17 期 9 人

後宮淳大將，第 26 師團長、關東軍第 4 軍司令、華南方面軍司令、中國

派遣軍總參謀長（1937～1942），終戰關東軍第 3 方面軍司令，甲級戰犯嫌疑。

東條英機大將，關東憲兵隊司令（1935～1937），關東軍參謀長、察哈爾派遣兵團指揮官（1937），陸軍大臣、首相、參謀總長（1940～1944），預備役，甲級戰犯處死。

飯田貞固，第 12 軍司令（1939～1941），預備役。

岩松義雄，中國駐在、參謀本部中國課、上海駐在、參謀本部中國課長、南京駐在，戰前長期在中國活動（2009 年 11 月所謂「岩松義雄印章」以 179200 元在北京拍賣成交，這對篆刻印章是岩松義雄與齊白石交往期間齊白石所治）。1938 年始第 15 師團長，第 1 軍司令，華北傀儡政權最高顧問（1942～1943），預備役。

荻洲立兵，第 13 師團長（1937～1939），關東軍第 6 軍司令（1939），1940 年預備役。

篠冢義男，第 10 師團長、第 1 軍司令（1938～1941），1942 年預備役，1945 年 9 月自殺。

篠原誠一郎，第 116 師團長（1939～1941），1942 年預備役。

鈴木重康，獨立混成第 11 旅團長（1936～1937），1938 年預備役。

吉住良輔，南京暴行第 9 師團長（1937～1939），預備役。

14. 陸士 18 期 15 人

岡部直三郎大將，華北方面軍參謀長（1937～1938），駐蒙軍司令（1939～1940），華北方面軍司令、第 6 方面軍司令（1944～終戰），1946 年上海監禁期間病亡。

藤江惠輔大將，第 16 師團長（1938～1939），終戰本土第 11 方面軍司令。

山脅正隆大將，第 3 師團長、駐蒙軍司令（1939～1941），1945 年預備役。

甘粕重太郎，第 33 師團長、駐蒙軍司令（1939～1942），預備役。

井關隆昌，第 14 師團長（1938～1940），預備役。

稻葉四郎，第 6 師團長（1937～1939），1941 年預備役。

久納誠一，第 18 師團長、第 22 軍司令（1938～1940），1941 年預備役。

酒井鎬次，獨立混成第 1 旅團長（1937～1938），1940 年預備役。

佐佐木到一，一戰青島守備軍附，廣州駐在武官，駐華公使館附武官輔

佐官，1932 年淞滬作戰上海派遣軍高級參謀，廣東特務機關長，溥儀政權軍政部最高顧問，南京大屠殺第 16 師團步兵第 30 旅團長、南京警備擔任，獨立混成第 3 旅團長，中國駐屯憲兵司令，關東軍第 10 師團長等。1941 年預備役，1945 年 7 月召集任關東軍第 149 師團長，是資格最老的師團長。日本投降後關押在西伯利亞，1955 年 5 月 30 日死於撫順監獄。

土橋一次，第 22 師團長、第 12 軍司令（1938～1943），終戰熊本師團管區司令。

內藤正一，騎兵集團長（1937～1939），1939 年任關東軍第 11 師團長事故死亡。

浜本喜三郎，關東軍第 3 獨立守備隊司令、第 104 師團長（1938～1940），終戰東京師團管區司令。

安井藤治，關東軍第 5 獨立守備隊司令、第 2 師團長、第 6 軍司令（1937～1941），預備役，終戰時內閣國務大臣。

鷲津鈆平，第 21 師團長、關東軍第 4 軍司令（1938～1941），終戰名古屋師團管區司令。

坂本順少將，第 5 師團步兵第 21 旅團長（1937～1939），徐州作戰阪本支隊長，預備役。

15. 陸士 19 期 12 人

今村均大將，第 5 師團長（1938～1940），第 23 軍司令（1941），終戰俾斯麥群島第 8 方面軍司令。

河邊正三大將，中國駐屯步兵旅團長、華北方面軍參謀副長、華中派遣軍參謀長（1936～1939），中國派遣軍總參謀長（1942～1943），終戰本土航空總軍司令，甲級戰犯嫌疑。

田中靜壹大將，關東憲兵隊司令（1937～1938），第 13 師團長（1939～1940），終戰第 12 方面軍司令，1945 年 8 月 24 日自殺。

熊谷敬一，第 15 師團長（1940～1941），預備役。

齋藤彌平太，第 101 師團長（1938～1939），1943 年預備役，終戰滿洲拓殖公社總裁，1946 年 5 月 14 日被長春駐軍逮捕後下落不明，1953 年 9 月宣布為戰時死亡。

關龜治，第 34 師團長、陸軍公主嶺學校長、關東軍第 20 軍司令（1939～1943），終戰宇都宮師團管區司令。

平田健吉，野戰重炮兵第 2 旅團長、第 37 師團長（1938～1940），1943年預備役。

藤井洋治，第 38 師團長（1939～1941），第 59 軍司令，死於廣島原子彈爆炸。

本間雅晴，第 27 師團長（1938～1940），攻佔菲律賓的第 14 軍司令，1942 年預備役，1946 年馬尼拉美國軍事法庭處死。

舞傳男，第 2 野戰鐵道司令、第 36 師團長（1938～1940），預備役。

前田治，野戰重炮兵第 2 旅團長，第 35 師團長，1940 年北平傷病死。

富士井末吉少將，南京暴行第 9 師團第 35 聯隊長，獨立混成第 11 旅團長（1939～1940），終戰廣島聯隊區司令。

16. 陸士 20 期 10 人

朝香宮鳩彥王大將，南京暴行上海派遣軍司令（1937～1938），終戰軍事參議官。

東久邇宮稔彥王大將，第 2 軍司令（1938～1939），終戰軍事參議官。

木村兵太郎大將，第 32 師團長、關東軍參謀長、陸軍省次官（1939～1943），終戰緬甸方面軍司令，甲級戰犯處死。

吉本貞一大將，第 11 軍參謀長、華中派遣軍參謀長（1938～1939），關東軍參謀長、第 1 軍司令（1941～1944），終戰第 1 總軍附，1945 年 9 月自殺。

飯田祥二郎，第 1 軍參謀長、臺灣混成旅團長（1938～1939），終戰關東軍第 30 軍司令。

井上貞衛，第 33 師團步兵群長（1939～1941），第 69 師團長（1942～1943），終戰帕勞群島第 14 師團長。

太田勝海，第 22 師團長（1941～1942），預備役。

酒井隆，任中國駐屯軍參謀長時主謀處理 1935 年 5 月河北事件，七七事變後歷任第 14 師團步兵第 28 旅團長、張家口特務機關長、興亞院蒙疆聯絡部長官，1941～1943 年第 23 軍司令，預備役，以酒井機關名義留居中國活動，1946 年南京處決。

七田一郎，駐蒙軍司令（1942～1943），終戰本土第 56 軍司令。

鷹森孝，南京暴行第 3 師團第 68 聯隊長，關東軍琿春駐屯隊司令、第 11師團長、第 12 軍司令（1940～終戰）。

17. 陸士 21 期 19 人

富永信政，第 21 師團步兵群長、陸軍公主嶺學校長、第 27 師團長（1938～1942），1943 年亡於婆羅洲，追晉大將。

天谷直次郎，侵華初期第 11 師團步兵第 10 旅團長、天谷支隊長，第 40 師團長（1939～1941），預備役。

飯沼守，淞滬～南京作戰時上海派遣軍參謀長，第 110 師團長（1939～1942），終戰朝鮮第 96 師團長。

石原莞爾，九一八事變時關東軍參謀、作戰課長，七七事變時參謀本部第 1 部長，關東軍參謀副長（1937～1938），1941 年預備役。列入 1946 年 3 月東京國際檢察團 29 名被告，4 月 8 日石原莞爾與真崎甚三郎（皇道派首領）、田村浩（內閣俘虜情報局長官）3 人被撤下，蘇聯檢察官到任後要求追加重光葵、梅津美治郎，4 月 29 日正式起訴 28 名甲級戰犯嫌疑人。

井出鐵藏，第 32 師團長（1940～1942），預備役。

內山英太郎，侵華初期野戰重炮兵第 5 旅團長，第 13 師團長（1940～1942），第 12 軍司令（1944～1945），終戰時本土第 15 方面軍司令。

大賀茂，騎兵第 1 旅團長（1938～1939），第 34 師團長（1940～1942），預備役。

黑田重德，第 26 師團步兵群長、關東軍第 4 獨立守備隊司令、第 26 師團長（1937～1941），1944 年預備役。

上月良夫，侵華初期第 20 師團步兵第 40 旅團長，駐蒙軍司令、第 11 軍司令（1943～1945），終戰時朝鮮第 17 方面軍司令。

菰田康一，第 104 師團長（1940～1942），終戰時朝鮮京城師團管區司令。

菅原道大，第 3 飛行群長（1938～1939），第 3 飛行集團／第 3 飛行師團長（1941～1942），終戰時本土第 6 航空軍司令。

林芳太郎，獨立混成第 4 旅團長、第 110 師團長（1941～1944），終戰本土任職。

樋口季一郎，侵華初期哈爾濱特務機關長、關東軍第 9 師團長，終戰時北海道第 5 方面軍司令。

百武晴吉，九一八事變哈爾濱特務機關長，獨立混成第 4 旅團長、第 18 師團長（1939～1941），終戰所羅門群島第 8 方面軍附，1947 年本土病亡。

平林盛人，第 17 師團長（1940～1942），終戰本土長野師團管區司令。

町尻量基，第 2 軍參謀長，第 6 師團長（1939～1941），1945 年預備役，12 月死亡。

橫山勇，第 11 軍司令（1942～1944），終戰時本土第 16 方面軍司令。

安田武雄，關東軍特務部通信主任（1932～1933），終戰時本土第 1 航空軍司令。

池ノ上賢吉少將，獨立混成第 9 旅團長（1941～1942），預備役。

18. 陸士 22 期 26 人

赤鹿理，1937 年 11 月至終戰：關東軍第 12 師團第 48 聯隊長、第 15 師團步兵群長、獨立混成第 13 旅團長、第 13 師團長、關東軍第 122 師團長。

安達二十三，七七事變始任第 11 師團第 12 聯隊長、第 26 師團步兵群長、第 37 師團長、華北方面軍參謀長，1942 年 11 月任東部新幾內亞第 18 軍司令，1947 年羈押中自殺。

井關仞，第 36 師團長（1940～1943），終戰時關東軍第 134 師團長。

片山省太郎，獨立混成第 4 旅團長（1940～1941），終戰時蘇門答臘第 25 軍司政長官。

萱島高，七七事變時駐天津中國駐屯步兵第 2 聯隊長，1939～1941 年第 106 師團第 136 旅團長、獨立混成第 18 旅團長，1945 年恢復預備役。

北野憲造，中國駐屯憲兵隊司令、第 4 師團長、陸軍公主嶺學校長（1939～1943），終戰陸軍士官學校長。

小倉達次，綏遠特務機關長、騎兵第 4 旅團長、駐蒙軍情報部厚和支部長（1939～1944），第 131 師團長（1945～終戰）。

小林信男，侵華前期第 27 師團山炮兵第 27 聯隊長、野戰重炮兵第 2 旅團長，第 60 師團長（1942～1945），終戰時本土第 54 軍司令。

坂口靜夫，第 65 師團長（1944～1945.3），預備役。

佐久間為人，騎兵第 4 旅團長（1940～1942），第 68 師團長（1943～1944），終戰時本土第 84 師團長。

鈴木貞次，獨立混成第 1 旅團長、第 104 師團長（1941～1945），終戰本土第 143 師團長。

鈴木貞一，南京攻城時任內閣調查官兼第 16 師團附，後任興亞院政務部長、總務長官代理，內閣企劃院總裁，甲級戰犯處終身監禁。

高橋多賀二，第 3 師團長（1941～1943），預備役。

田中久一，第 21 師團長、第 23 軍司令兼香港佔領地總督（1940～終戰），1947 年廣州處決。

田邊盛武，淞滬—南京作戰時第 10 軍參謀長、第 41 師團長、華北方面軍參謀長（1939～1941），終戰蘇門答臘第 25 軍司令，1949 年荷蘭軍事法庭處死。

堤三樹男，獨立混成第 11 旅團長、第 60 師團第 55 旅團長（1941～1944），第 68 師團長（1944～終戰）。

豊島房太郎，第 14 師團步兵第 27 旅團長（1938～1940），第 3 師團長（1940～1941），終戰馬魯古群島第 2 軍司令。

寺倉正三，第 1 飛行群長（1938～1939），終戰東京師團管區司令。

中川廣，南京暴行第 9 師團參謀長，臺灣混成旅團長、第 48 師團長（1940～1941），預備役。

野副昌德，獨立混成第 7 旅團長（1941～1942），第 63 師團長（1943～1945），終戰本土第 303 師團長。

原田熊吉，駐華大使館附武官、華中派遣軍特務部長、南京梁鴻志政權顧問、第 35 師團長、第 27 師團長（1937.8～1942）。終戰本土第 55 軍司令，1947 年荷蘭軍事法庭處決。

牟田口廉也，七七事變現場最高指揮官、中國駐屯步兵第 1 聯隊長（1936～1938），第 18 師團長（1941～1943），終戰陸軍預科士官學校長，甲級戰犯嫌疑。

村上啟作，第 39 師團長（1939～1941），終戰關東軍第 3 軍司令。

森岡皋，天津特務機關長、漢口特務機關長、興亞院華北聯絡部次長、華北聯絡部長官（1938～1941），1942 年預備役，終戰華北綜合調查所長。

矢野音三郎，中國駐屯軍參謀副長、第 1 軍高級參謀、關東軍第 8 國境守備隊司令、關東軍參謀副長（1937～1939）、中國駐屯憲兵隊司令、華北派遣憲兵隊司令、第 26 師團長、陸軍公主嶺學校長（1940～1942），1943 年預備役。

山本三男，第 3 師團長（1943～1945），終戰本土第 93 師團長。

19. 陸士 23 期 18 人

佐伯文郎，第 108 師團第 104 旅團長（1938～1940），第 26 師團長（1943～1944），終戰本土船舶輸送司令。

　　佐野忠義，第 14 師團參謀長（1937～1938），第 38 師團長（1941～1943），第 34 軍司令（1944～1945），1945 年 7 月本土病亡。

　　清水規矩，第 41 師團長（1941～1942），終戰關東軍第 5 軍司令。

　　下野一霍，南京暴行第 6 師團參謀長，第 58 師團長（1942～1944），終戰朝鮮光州師團管區司令。

　　十川次郎，華中派遣憲兵隊司令（1939～1941），終戰第 6 軍司令。

　　武內俊二郎，第 116 師團長（1941～1943），預備役，1943 年亡。

　　竹下義晴，九一八事變時關東軍調查班長、參謀，山海關特務機關長、關東軍第 3 課長（1935～1937），南京攻城時第 6 師團步兵第 45 聯隊長，上海特務機關長、興亞院蒙疆聯絡部長官、溥儀政權軍政部最高顧問、第 27 師團長（1938～1944），終戰平壤師團管區司令。

　　津田美武，第 110 師團第 133 旅團長（1939～1940），獨立混成第 4 旅團長（1941～1943），終戰菲律賓第 105 師團長。

　　遠山登，侵華初期第 14 師團第 50 聯隊長，1942 年關東軍第 71 師團長（終戰在臺灣）。

　　永津佐比重，北平附武官、1933 年 5 月《塘沽協定》談判代表，關東軍參謀、第 3 課長、參謀本部中國課長（1934～1937），第 11 師團第 22 聯隊長、華北政權治安部最高顧問（1937～1941），中國派遣軍總參謀副長、第 13 軍司令（1942～1945），終戰朝鮮第 58 軍司令。

　　中山惇，獨立混成第 14 旅團長、第 68 師團長（1940～1943），終戰關東軍第 136 師團長。

　　坂西一良，侵華初期第 14 師團第 59 聯隊長，第 35 師團長（1943～1944），終戰第 20 軍司令，1946 年監禁期間南京病亡。

　　人見秀三，南京攻城時上海派遣軍高級副官、第 9 師團第 19 聯隊長，第 104 師團第 107、132 旅團長（1940～1942），終戰臺灣第 12 師團長，1946 年自殺。

　　丸山政男，侵華初期第 9 師團第 6 旅團長，關東軍第 3 獨立守備隊司令（1940～1941），1944 年預備役。

　　毛利末廣，獨立混成第 3 旅團長、第 58 師團長（1941～1945），終戰本土任職。

　　柳川悌，第 59 師團長（1942～1943），第 132 師團長（1945～終戰）。

森田徹大佐，七七事變中國駐屯步兵第 1 聯隊附，現場演習指揮、談判代表。後任關東軍第 7 國境守備隊長，1939 年 8 月諾門坎作戰任第 23 師團步兵第 71 聯隊長時戰死。注：《絕對真相：日本侵華期間檔案史料選》所列 112 號「森田宣中將，第 25 師團長」，據查《日本陸海軍事典》，森田宣，陸士 14 期，無任何師團長任職記錄。

橋本欣五郎大佐，兩次策劃軍事政變以建立法西斯國家體制。1936 年預備役，創建大日本青年黨任總裁。1937 年召集任野戰重炮兵第 6 旅團第 13 聯隊長參加淞滬～南京作戰，因炮擊英、美軍艦被免職。甲級戰犯處終身監禁。

20. 陸士 24 期 14 人

青木成一，侵華初期第 9 師團第 18 旅團長，第 40 師團長（1941～1944），終戰大阪師團管區司令。

石井嘉穗，第 110 師團第 108 旅團長（1939～1941），第 32 師團長（1942.10～終戰）。

岩永汪，第 110 師團參謀長、關東軍第 7 獨立守備隊司令、第 34 師團步兵群長、獨立混成第 9 旅團長、第 116 師團長（1938～1945），終戰本土第 155 師團長。

內田孝行，第 34 師團步兵群長（1939～1941），第 70 師團長（1942～終戰）。

河邊虎四郎，侵華初期參謀本部作戰課長，第 7 飛行群長（1940～1941），關東軍第 2 飛行師團長、第 2 航空軍司令（1943～1944），終戰參謀本部次長。

楠本實隆，上海派遣軍／華中派遣軍特務部總務班長、興亞院華中聯絡部次長、第 5 師團第 9 旅團長（1937～1941），溥儀政權軍政部最高顧問、大東亞省駐北平公使（1943～終戰）。

柴山兼四郎，天津、漢口特務機關長（1938～1940），第 26 師團長、汪兆銘政權最高軍事顧問（1942～1944），終戰參謀本部附。

澄田睿四郎，野戰重炮兵第 6 旅團長、第 39 師團長、第 1 軍司令（1941～終戰）。

中澤三夫，南京暴行第 16 師團參謀長，關東軍第 1 師團長（1941～1944），終戰本土第 40 軍司令。

長野祐一郎，第 5 師團第 11 聯隊長（1937～1939），獨立混成第 3 旅團

長、第 37 師團長（1941～1945），終戰爪哇第 16 軍司令。

秦彥三郎，哈爾濱特務機關長、關東軍參謀副長、第 34 師團長（1938～1943），終戰關東軍總參謀長，甲級戰犯嫌疑。

細川忠康，第 59 師團長、第 43 軍司令（1943～終戰）。

本鄉義夫，第 12 軍參謀長（1939～1940），第 62 師團長（1943～1945），終戰關東軍第 44 軍司令。

甘粕正彥大尉，1923 年因大杉榮事件獲刑入預備役。赴東北參與九一八事變、策劃溥儀政權等。曾任溥儀政權警務司長、協和會中央本部總務部部長兼規劃部部長、「滿映」理事長，1945 年 8 月 20 日自殺。

21. 陸士 25 期 18 人

磯田三郎，南京暴行第 114 師團參謀長，第 22 師團長（1942～1944），終戰南方軍光機關長。

大城戶三治，第 3 師團第 29 旅團長（1939～1940），第 22 師團長、華北方面軍參謀長（1942～1944），終戰本土憲兵司令。

太田米雄，第 10 師團第 39 聯隊長（1938～1939），第 65 師團長（1943～1944），預備役。

奧村半二，第 41 師團步兵群長、獨立混成第 6 旅團長、第 62 師團第 64 旅團長（1940～1944），終戰本土任職。

坂口芳太郎，侵華初期飛行第 12 聯隊長，1943 年第 4 飛行師團長，1945 年預備役。

下山琢磨，侵華初期華北方面軍作戰課長，飛行第 16 戰隊長、航空兵團參謀長（1939～1942），第 3 飛行師團長（1943～1944），終戰朝鮮第 5 航空軍司令。

高品彪，第 15 師團第 60 聯隊長（1938～1940），獨立混成第 17 旅團長（1942～1943），1943 年任關東軍第 29 師團長，次年關島兵敗自殺。

田中勤，第 17 師團步兵群長、獨立混成第 15 旅團長、第 61 師團長（1939～終戰）。

原守，第 18 師團第 23 旅團長（1939～1940），關東憲兵隊司令、第 9 師團長（1940～1945），終戰本土東部憲兵隊司令。

原田宇一郎，侵華初期飛行第 12 聯隊／飛行第 12 戰隊長，終戰東北第 2 航空軍司令。

伴健雄，第 34 師團長（1943.3～終戰）。

平田正判，華北方面軍參謀副長（1939～1941），第 22 師團長（1944～終戰）。

三浦忠次郎，第 116 師團第 130 旅團長（1939～1941），第 69 師團長（1943～終戰）。

三國直福，南京暴行第 16 師團野炮兵第 22 聯隊長，第 15 師團參謀長、南京特務機關長（1938～1940），終戰越南第 21 師團長。

宮川清三，第 40 師團長（1944～終戰）。

山路秀男，戰車第 3 師團長（1944～終戰）。

吉岡安直，1932 年始關東軍長期任職：關東軍參謀、溥儀附、張家口特務機關長、駐溥儀政權附武官、關東防衛軍參謀長、溥儀附，1947 年莫斯科亡。

櫻庭子郎少將，蚌埠特務機關長、汪兆銘政權安徽省顧問（1940～1944），第 27 師團中國駐屯步兵第 2 聯隊長、獨立混成第 82 旅團長（1944～終戰）。

22. 陸士 26 期 10 人

遠藤三郎，關東軍參謀副長（1939～1940），第 3 飛行群長（1940～1942），終戰軍需省航空兵器總局長官。

岡崎清三郎，中國駐屯步兵第 2 聯隊長（1937～1939），緬北第 2 師團長（1943～1945），終戰第 2 總軍參謀長。

落合甚九郎，1933 年 1 月 3 日任中國駐屯軍山海關守備隊長佔領河北臨榆縣城，漢口特務機關長、興亞院華中聯絡部次長、中國派遣軍總參謀副長、第 27 師團長（1940～終戰）。

小原一明，騎兵第 4 旅團長、獨立混成第 3 旅團長（1942～1945），本土第 145 師團長。

影佐禎昭，陸軍上海駐在，參謀本部中國課長（1937），1939 年主持梅機關策劃汪兆銘政權、最高軍事顧問（1940～1942），終戰新不列顛島第 38 師團長。

鹽澤清宣，奉天特務機關長、華中派遣軍特務部部員、興亞院華北聯絡部次長、代理長官、大東亞省駐北平公使（1937～1944），終戰關東軍第 119 師團長。

田副登，飛行第 10 戰隊長（1938～1939），終戰本土航空總軍參謀長。

花谷正，奉天特務機關機關員、參與九一八事變，任第 11 師團第 43 聯隊長參加淞滬作戰，溥儀政權軍事顧問（1939～1940），第 3 師團第 29 旅團長（1940～1941），第 1 軍參謀長（1941～1943），終戰第 18 方面軍參謀長。

山中繁茂，飛行第 8 戰隊長（1939～1940），終戰本土第 52 航空師團長。

田中隆吉少將，1931 年起歷任駐上海陸軍武官助理、關東軍參謀、化德特務機關長，1932 年淞滬作戰、1936 年綏遠作戰策劃者，終戰羅津師團管區附。東京審判重要證人。

23. 陸士 27 期 4 人

內田銀之助，獨立混成第 5 旅團長、第 118 師團長（1941～終戰），1951 年 6 月死於東京巢鴨監獄。

佐佐真之助，第 13 軍參謀長、第 39 師團長（1944～終戰）。

高橋坦，1935 年北平武官輔佐官時與酒井隆合謀處理河北事件，七七事變參謀本部中國班長，華中派遣軍參謀、第 13 軍高級參謀（1938～1940），華北方面軍參謀長（1944～終戰）。

田中友道，侵華初期臨時航空兵團參謀、第 60 飛行戰隊長（1938～1940），終戰本土教導航空通信師團長。

24. 陸士 28 期 1 人

中西良介，第 17、4 飛行群長（1941～1943），1944 年第 5 航空軍參謀長（1945 年 5 月該部轉移漢城）。

25. 陸士 30 期 1 人

專田盛壽少將，七七事變時中國駐屯軍情報參謀、談判代表之一，南京攻城時第 16 師團參謀，第 39 師團參謀長、北平駐在武官輔佐官（1939～1943），獨立混成第 81 旅團長（1945）。

26. 陸士 32 期 1 人

賀陽宮恒憲王，華中派遣軍參謀（1938～1939），終戰陸軍大學校長。

海軍重要戰犯 21 人

野村吉三郎（海兵 26）大將，1932 年淞滬作戰時第 3 艦隊司令，1937 年預備役，終戰樞密顧問官。

末次信正（海兵 27）大將，1932 年淞滬作戰時第 2 艦隊司令，1933～1934 年聯合艦隊司令，1937 年預備役，後任內務大臣，1944 年病亡。

永野修身（海兵28）大將，軍令部總長（1941～1944），甲級戰犯嫌疑，1947年病死。

米內光政（海兵29）大將，海軍大臣（1937～1939，1944～終戰）、首相（1940）。

及川古志郎（海兵31）大將，中國方面艦隊司令（1938.4～1940）、海軍大臣（1940～1941），軍令部總長（1944～1945），終戰軍事參議官。

長谷川清（海兵31）大將，淞滬作戰時第3艦隊司令，中國方面艦隊司令（1937～1938），終戰軍事參議官。

島田繁太郎（海兵32）大將，中國方面艦隊司令（1940.5～1941）、海軍大臣（1941～1944）、軍令部總長（1944），1945預備役，甲級戰犯處無期徒刑。

吉田善吾（海兵32）大將，海軍大臣（1939～1940），中國方面艦隊司令（1942～1943），1945年預備役。

豊田副武（海兵33）大將，淞滬作戰第4艦隊司令，軍令部總長（1945～終戰），甲級戰犯嫌疑。

豊田貞次郎（海兵33）大將，七七事變後曾任航空本部長、海軍省次官，1941年預備役，終戰軍需兼運輸大臣。

宇野積藏（海兵34）少將，上海特別陸戰隊司令（1933～1934），1935年任海軍炮術學校長時死亡。

近藤信竹（海兵35）大將，中國方面艦隊司令（1943.12～1945），終戰軍事參議官。

野村直邦（海兵35）大將，軍令部情報部長、南京梁鴻志政權附武官，上海在勤武官、上海臨時特務部長，第3遣華艦隊司令，海軍大臣，海上護衛總司令，終戰海運總監。

澤本賴雄（海兵36）大將，第2遣華艦隊司令（1940～1941），終戰軍事參議官。

清水光美（海兵36）中將，第3遣華艦隊司令（1940～1941），1944年預備役。

新見政一（海兵36）中將，第2遣華艦隊司令（1941～1942），1944年預備役。

小松輝久（海兵37）中將，第1遣華艦隊司令（1941～1942），1945年

預備役。

　　井上成美（海兵 37）大將，中國方面艦隊參謀長（1939～1940），主持 1940 年對中國內地戰略轟炸，終戰軍事參議官。

　　岩村清一（海兵 37）中將，39～40 南京梁鴻志政權附武官、上海在勤武官，第 2 南遣艦隊司令。1944 年預備役。

　　杉山六藏（海兵 38）中將，第 3 遣華艦隊司令（1941），終戰佐世保鎮守府司令。

　　福田良三（海兵 38）中將，海南島根據地隊司令（1939～1940），興亞院廈門聯絡部長官（1941～1942），中國方面艦隊司令（1945.5～終戰）。

關於重要戰犯名單的研究提示

　　尚未查證到重要戰犯名單的擬定背景，相信經歷、總合了中國眾多將領與官員的各種考慮。儘管名單本身存有疏漏，對戰犯的實際追責也遠沒有完成，但這份名單確實是極具歷史價值的國家文件，不僅承載著戰勝國的威嚴與榮耀，對野蠻侵略戰爭的憤恨，對軍國主義復活的震懾，名單當然也足以成為後世研究者的重要文獻資料。

　　1. 在侵華戰爭犯下嚴重罪行的日本陸海軍軍人遠非 261 人名單所能包含。這個名單的公布時間在 1946 年東京國際檢察團起訴 28 名甲級戰犯之後，但有 7 名甲級戰犯未列入重要戰犯名單：曾任陸軍省軍務局長武藤章中將、佐藤賢了中將，駐德大使大島浩陸軍中將，曾任海軍省軍務局長岡敬純中將，以及內大臣木戶幸一、外交大臣重光葵、右翼文人大川周明。其中武藤章、佐藤賢了是「夠格」的侵華重要戰犯：武藤章是淞滬作戰、南京作戰時華中方面軍參謀副長，後任華北方面軍參謀副長；佐藤賢了曾任第 21 軍參謀副長、華南方面軍參謀副長、中國派遣軍總參謀副長。本書第 20 章開列的著名特務人物中有 39 人、第 21 章開列的著名憲兵人物有 3 人未包括在重要戰犯名單，實為遺憾。另外，重要戰犯名單顯然較少考慮關東軍。

　　重要戰犯 261 人有陸、海軍各 203、21 人，占總數 86%，較之國際檢察團起訴的 28 名甲級戰犯中陸軍 15 人、海軍 3 人的比例（64%）高得多，中國政府確認重要戰犯名單考慮更多的是違反戰爭法規、違反人道罪。

　　2. 重要戰犯軍銜分布

陸軍戰犯大將 31、中將 163、少將 7、大佐 1、大尉 1。

七七事變時日本陸軍有現役大將閑院宮載仁親王（1912 年晉）、梨本宮守正王（1923 年晉）、植田謙吉（1934 年晉）、寺內壽一（1935 年晉）、杉山元（1936 年晉）5 人，全面侵華戰爭始召集預備役大將松井石根（1933 年晉），至終戰晉升大將 30 人（不含追晉）：畑俊六、小磯國昭、中村孝太郎、古莊幹郎、西尾壽造、東久邇宮稔彥王、朝香宮鳩彥王、山田乙三、梅津美治郎、蓮沼蕃、岡村寧次、土肥原賢二、多田駿、板垣征四郎、東條英機、後宮淳、山下奉文、岡部直三郎、藤江惠輔、阿南惟幾、今村均、田中靜壹、安藤利吉、山脇正隆、河邊正三、喜多誠一、栗林忠道、下村定、吉本貞一、木村兵太郎（注：栗林忠道晉升是烏龍事件，1945 年 3 月 16 日硫磺島指揮官栗林忠道發出訣別電，次日日軍大本營發令栗林忠道晉升大將，本意為追晉，栗林忠道卻在 10 天後才死去）。這 36 名大將有 32 人參加全面侵華作戰，小磯國昭、中村孝太郎於 1932～1934 年分任關東軍參謀長、中國駐屯軍司令。36 名大將有 25 人列重要戰犯，未列者有已死亡的古莊幹郎、栗林忠道、載仁親王、阿南惟幾、山下奉文、喜多誠一、中村孝太郎 7 人，以及曾任駐蒙軍司令蓮沼蕃、中國派遣軍總司令岡村寧次、華北方面軍司令下村定、軍事參議官守正王。

海軍戰犯大將 14、中將 6、少將 1。七七事變後晉升海軍大將 16 人（不含追晉），12 人參加全面侵華作戰，10 人列重要戰犯。未列者山本五十六、古賀峰一、高須四郎、鹽澤幸一已亡，另有加藤隆義、冢原二四三（1937～1939 年第 2、1 聯合航空隊司令）。

3. 陸軍重要戰犯中有內閣首相與陸軍首腦 11 人（均為大將）。1931 年 4 月後日本內閣 15 任 13 名首相中有 4 任陸軍首相：林銑十郎、阿部信行、東條英機、小磯國昭；1931 年 4 月後歷任陸軍大臣是：南次郎、荒木貞夫、林銑十郎、川島義之（1945 年亡）、寺內壽一、中村孝太郎（1947 年 8 月亡）、杉山元、板垣征四郎、畑俊六、東條英機、杉山元（二次）、阿南惟幾（1945 年亡）；1931 年後的歷任參謀總長是：金谷范三（1933 年亡）、閑院宮載仁親王（1945 年亡）、杉山元、東條英機、梅津美治郎。上述 16 人名單除注明死亡的 5 人外都列名重要戰犯。

4. 關內戰場中國派遣軍 3 任總司令西尾壽造、畑俊六、岡村寧次，西尾壽造、畑俊六是重要戰犯。中國派遣軍總司令部屬下先後設 5 個方面軍司令部、16 個軍司令部，總計軍以上司令 58 人，有 49 人列重要戰犯。

關內戰場先後有 62 個師團與戰車第 3 師團，侵華期間任職的 156 名師團

長中有 115 名重要戰犯，占 74%。

　　除上述職務外戰爭初期在中國關內戰場任旅團長、以後任過其他職務或調往他處的重要戰犯，著名者如七七事變兇犯、中國駐屯混成旅團長河邊正三（大將）、1937 年 7 月中旬侵入關內的獨立混成第 11 旅團長鈴木重康、1937 年第 5 師團步兵第 21 旅團長坂本順（徐州作戰坂本支隊長）、南京大屠殺第 16 師團步兵第 30 旅團長佐佐木到一、華北方面軍騎兵第 4 旅團長小原一明等。

　　5. 海軍重要戰犯 21 人，有 1932 年淞滬作戰第 3 艦隊司令野村吉三郎，歷任中國方面艦隊司令長谷川清、及川古志郎、島田繁太郎、吉田善吾、近藤信竹、福田良三（另有古賀峰一已亡），第 1～3 遣華艦隊（含前身第 3、5、4 艦隊）19 名司令的 7 人豐田副武、野村直邦、澤本賴雄、清水光美、新見政一、小松輝久、杉山六藏，海軍首腦永野修身、米內光政、豐田貞次郎（海軍省次官）。井上成美任中國方面艦隊參謀長主持 1940 年的戰略轟炸。岩村清一是著名特務。

　　宇野積藏曾任上海特別陸戰隊司令，上海陸戰隊是兩次淞滬作戰發難者，但時任指揮官分別是鮫島具重、植松煉磨、大川內傳七，宇野積藏與兩次淞滬作戰無關，應該是搞錯人了。末次信正是 1933～1934 年的聯合艦隊司令（有的中文資料誤稱其七七事變後任聯合艦隊司令），1944 年死亡，可能是誤列了。

　　6. 重要戰犯名單公布時近 40 名陸軍、3 名海軍實已亡故，有些死亡者可能難以查實而列名。有重大戰爭罪行並已確認死亡者而列入重要戰犯名單者，例如林銑十郎亡於 1943 年、岡部直三郎與坂西一良 1946 年病死於上海監獄或南京醫院、安藤利吉 1946 年自殺於上海監獄都列為重要戰犯，原因肯定是罪行大、職務重要。

　　難以解釋的是有重大戰爭罪行並已確認死亡者卻沒有列入重要戰犯名單，例如戰敗後自殺的前關東軍司令本莊繁是九一八事變元兇之一，曾任中國派遣軍第 11 軍司令的阿南惟幾是「戰敗內閣」陸軍大臣以死硬著稱，都未列入名單。南京大屠殺第 10 軍司令柳川平助回國後曾任興亞院總務長官、內閣大臣，病死於 1945 年 1 月，未列入名單。

　　還有，1946 年初被馬尼拉軍事法庭處死的山下奉文（首個侵華的第 20 師團步兵第 40 旅團長，中國駐屯混成旅團長，華北方面軍參謀長，關東防衛軍司令，第 1 方面軍司令）不在名單，但同樣在馬尼拉處死的本間雅晴（關內戰場第 27 師團長）卻列為重要戰犯。

1946～1949 年中國審判日軍將官戰犯 39 人名單

（一）上海軍事法庭 18 人：

內田孝行（陸士 24），中將，重要戰犯，第 70 師團長（蚌埠）。無期。

栗岩尚治（陸士 24），少將，第 11 軍第 1 野戰輸送司令（湖南）。1947 年 1 月 26 日起訴，判決結果待考。

專田盛壽（陸士 30），少將，重要戰犯，獨立混成第 81 旅團長（湖南）。無罪。

野地嘉平（陸士 23），中將，第 133 師團長（杭州）。無期。

黑瀨平一（陸士 26），少將，第 68 師團步兵第 57 旅團長（湖南）。無期。

船引正之（陸士 25），中將，第 64 師團長（湖南）。無期。

三浦忠次郎（陸士 25），中將，重要戰犯，第 69 師團長（昆山）。10 年。

福田良三（海兵 38），中將，重要戰犯，中國方面艦隊司令。15 年。

宮川清三（陸士 25），中將，重要戰犯，第 40 師團長（蕪湖）。12 年。

大井川八郎（陸士 23），少將，第 14 獨立警備隊司令（河南鄧縣）。無罪。

落合甚九郎（陸士 26），中將，重要戰犯，第 27 師團長（無錫）。無期。

菱田元四郎（陸士 23），中將，第 116 師團長（湖南）。10 年。

梨岡壽男（陸士 20），少將，獨立混成第 89 旅團長（上海）。20 年。

原田清一（海兵 39），中將，興亞院廈門聯絡部長官、廈門特別根據地隊司令。10 年。

神田正種（陸士 23），中將，1937 年任第 6 師團第 45 聯隊長，1941 年 4 月任第 6 師團長，終戰任布幹維爾島第 17 軍司令。14 年。

柴山兼四郎（陸士 24），中將，重要戰犯，第 26 師團長，汪兆銘政權最高軍事顧問。7 年。

櫻庭子郎（陸士 25），少將，重要戰犯，獨立混成第 82 旅團長（湖南）。無罪。

岡村寧次（陸士 16），大將，1932 年上海派遣軍參謀副長，關東軍參謀副長、1933 年《塘沽協定》簽字人，關東軍第 2 師團長，第 11 軍司令，華北方面軍司令，第 6 方面軍司令，中國派遣軍總司令。無罪。

（二）南京軍事法庭 4 人

酒井隆（陸士 20），中將，重要戰犯，主謀處理 1935 年河北事件，興亞

院蒙疆聯絡部長官，第 23 軍司令，預備役。死刑。

　　谷壽夫（陸士 15），中將，重要戰犯，南京暴行第 6 師團長，本土第 59 軍司令。死刑。

　　磯谷廉介（陸士 16），中將，重要戰犯，第 10 師團長，關東軍參謀長，預備役。無期。

　　高橋坦（陸士 27），中將，重要戰犯，華北方面軍參謀長。無期。

（三）武漢軍事法庭 8 人

　　柳川悌（陸士 23），中將，重要戰犯，第 132 師團長（湖北），無期。

　　奈良晃（陸士 23），中將，1939～1941 年任第 26 師團獨立步兵第 12 聯隊長、第 13 師團第 26 旅團長，1943 年預備役。無期。

　　伴健雄（陸士 25），中將，重要戰犯，第 34 師團長（九江）。10 年。

　　梶浦銀次郎（陸士 26），少將，第 132 師團第 97 旅團長（湖北）。無期。

　　堤三樹男（陸士 22）中將，重要戰犯，第 68 師團長（湖南）。無期。

　　村上宗治（陸士 26），少將，獨立步兵第 5 旅團長（荊州）。無罪。

　　佐藤甲子壽（陸經 11 期），主計少將，第 6 方面軍經理部長。無罪。

　　依知川庸治（陸士 32），少將，第 20 軍參謀長（湖南）。無罪。

（四）廣州軍事法庭 7 人

　　田中久一（陸士 22），中將，重要戰犯，第 23 軍司令兼香港總督。死刑。

　　平野儀一（陸士 26），少將，第 129 師團步兵第 92 旅團長（廣東）。死刑。

　　下河邊憲二（陸士 23），少將，獨立混成第 23 旅團長（廣州）。無期。

　　三國直福（陸士 25），中將，重要戰犯，第 21 師團長（越南）。無期。

　　末藤知文（陸士 25），中將，第 104 師團長（惠州）。10 年。

　　重藤憲文（陸士 28），少將，華南派遣憲兵隊長。死刑。

　　近藤新八（陸士 28），中將，第 130 師團長（順德）。死刑。

（五）北平軍事法庭 1 人

　　內田銀之助（陸士 27），中將，重要戰犯，第 118 師團長（天津）。無期。

（六）臺北軍事法庭 1 人

　　加藤章（陸士 22），少將，獨立步兵第 8 旅團長（廣東源潭）。無期。

第 26 章　亡於中國的日軍將官

　　九一八事變至 1945 年 8 月 15 日日本宣布投降，日本在侵略戰爭中損失陸軍將官 96 人、海軍將官 60 人。1945 年 8 月 15 日始，101 名陸軍將官、22 名海軍將官因侵敗投降而死亡，包括事故死、自殺、被處死、瘐斃、不知所終等情況。總計亡於中國的日軍將官 56 人。

　　統計日軍死亡將官未計追晉少將者（亡於中國的日本陸海軍大佐追晉少將者有 60 多人）。追晉將官主要涉及個人榮譽、撫恤，而戰史研究中最有意義的是實有將官的損失數。此外，各國追晉制度差別極大而不具可比性。美國陸軍第 10 集團軍司令巴克納中將 1944 年 6 月 17 日在沖繩島中彈陣亡，1954 年才追授上將。美國第 5 艦隊司令斯普魯恩斯 1969 年去世，2001 年追授五星上將。日軍多即時追晉且條件極寬，特別是大佐追晉少將幾成定制。

　　1945 年 10 月 15 日日軍參謀本部、軍令部廢止，11 月 30 日內閣陸軍省、海軍省撤銷，但海軍省竟趕在關門前夕的 11 月 1 日晉升一批將官軍銜，具 3 年資格的少將得以晉升中將。此怪異情形與日本投降的特殊方式有關，盟軍需要借助日本政府、軍部來履行佔領與摧毀戰爭機器，至於晉升軍銜也就隨它去了。日本宣布投降後還發生追晉軍銜，獨立混成第 62 旅團長長嶺喜一少將因病於 1945 年 6 月 10 日卸任，11 月 15 日死去追晉中將。軍需省中國軍需監督部長福地英男海軍少將 8 月 17 日自殺後追晉中將。從戰史研究角度考慮，上述日本投降後的晉升與追晉情況也未予考慮。

　　人物具體死因歷來是戰史研究中的難題，一些個案往往經長期反覆研究仍未有定論。文中對於死因有疑點者採用寬泛的說法，未及羅列各種分歧意見。

戰時死亡將官 30 人

日本在侵略戰爭中戰死、兵敗自殺、事故死、戰場病死陸軍將官 96 人、海軍將官 60 人，其中 30 人死於中國。

1932 年 1 人

白川義則（陸士 1），上海派遣軍司令、大將，指揮 1932 年淞滬作戰，4 月 29 日在上海虹口公園天長節祝賀會上被朝鮮人尹奉吉炸彈致傷，5 月 26 日死去。曾任華中派遣隊司令、第 11 師團長、第 1 師團長、關東軍司令、陸軍大臣。

1933 年 1 人

武藤信義（陸士 3），大將，1932 年 8 月再度任關東軍司令，指揮攻佔熱河省，1933 年 7 月 27 日病死於長春。曾任哈爾濱特務機關長、參謀本部第 1 部長、陸軍教育總監。

1937 年 2 人

田代皖一郎（陸士 15），中將。1936 年 5 月任中國駐屯軍司令，七七事變前已因病臥床，軍務交代軍參謀長橋本群（陸士 20）辦理。7 月 11 日陸軍教育總監部本部長香月清司（陸士 14）接任其職，田代皖一郎轉入預備役，7 月 16 日在天津死去。曾任駐華使館附武官、1932 年淞滬作戰上海派遣軍參謀長、關東憲兵隊司令。

淺野嘉一（陸士 19），少將，第 16 師團步兵第 30 旅團長，1937 年 9 月 11 日登陸天津，9 月 15 日改任華北方面軍碇泊場監，11 月 14 日在天津死亡。

1939 年 5 人

渡久雄（陸士 17），關東軍第 11 師團長、中將，1 月 2 日在密山死亡。

田路朝一（陸士 19），第 15 師團步兵群長、少將，6 月 17 日湖北黃梅縣空域墜機死亡，追晉中將。

阿部規秀（陸士 19），1939 年 6 月任獨立混成第 2 旅團長、中將，11 月 7 日在河北淶源被中國軍隊擊斃。

內藤正一（陸士 18），關東軍第 11 師團長、中將，11 月 28 日密山事故死亡。

中村正雄（陸士 25），第 5 師團步兵第 21 旅團長、少將，1939 年桂南作戰期間率部馳援南寧東北崑崙關，被中國軍隊擊成重傷，12 月 25 日戰地手

術時死亡，追晉中將。

1940 年 5 人

木谷資俊（陸士 21），野戰重炮兵第 2 旅團長、少將，3 月 20 日在北平因傷病死亡，追晉中將。

前田治（陸士 19），第 35 師團長、中將，駐防新鄉地區，5 月 23 日北平傷病亡。

藤堂高英（陸士 23），獨立混成第 14 旅團長、少將，6 月 3 日江西瑞昌死亡，追晉中將。

大冢彪雄（陸軍經理學校 6 期），第 1 軍經理部長、主計少將，8 月 5 日在北平死去，追晉主計中將。

飯田泰次郎（陸士 24），第 35 師團步兵群長、少將，11 月 28 日在冀南因戰傷不治而死，追晉中將。

1941 年 4 人

大角岑生（海兵 24），軍事參議官、大將。戰前兩度任海軍大臣，力主退出華盛頓條約。2 月 5 日視察戰場期間從廣州飛往海南島途中在中山墜機死亡。

須賀彥次郎（（海兵 38），少將。曾任華北特務部長代理、梅機關海軍代表、上海在勤武官附、汪兆銘政權軍事顧問，與大角岑生同機死去，追晉中將。

楠山秀吉（陸士 27），獨立混成第 17 旅團長、少將，12 月 3 日在徐州事故死亡，追晉中將。曾任侵華戰場第 1 軍參謀長。

山縣業一（陸士 22），第 116 師團步兵第 119 旅團長、少將，12 月 25 日在安徽因戰傷不治而死，追晉中將。曾任關東軍第 4 獨立守備隊長。

1942 年 2 人

酒井直次（陸士 23），第 15 師團長、中將，1942 年浙贛作戰期間 5 月 28 日在浙江蘭溪觸雷身亡，日本軍史稱「現任師團長陣亡第一人」。曾任侵華第 16 師團步兵第 19 旅團長。

冢田攻（陸士 19），第 11 軍司令、中將，12 月 18 日從南京飛往漢口途中在安徽境內墜機死亡，追晉大將。1937 年 11 月任華中方面軍參謀長，南京作戰期間實際負責前方指揮，曾任陸軍大學校長、參謀本部次長、南方軍總參謀長。

1943 年 1 人

中薗盛孝（陸士 24），侵華戰場第 3 飛行師團長、中將，9 月 9 日座機在廣東被擊毀死亡，1939 年 7 月任侵華戰場第 1 飛行群長。

1944 年 6 人

大橋熊雄（陸士 29），華北方面軍特務部長、少將，1944 年 4 月 14 日（一說 4 月 10 日）在北平死亡，追晉中將。1941 年始任侵華戰場第 5 師團步兵第 11 聯隊長、第 51 師團參謀長、山東特務機關長。

下川義忠（陸士 21），第 11 軍第 10 野戰補充隊長、少將，4 月 19 日在湖北應城作戰被擊斃，追晉中將。

橫山武彥（陸士 25），第 70 師團步兵第 62 旅團長、少將，6 月 11 日浙江龍游戰死，追晉中將。1939 年任侵華戰場第 39 師團步兵第 231 聯隊長。

本村千代太（陸士 25），第 69 師團步兵第 59 旅團長、少將，豫中作戰期間從山西駐地進入豫西策應，6 月 11 日戰死，追晉中將。曾任中國駐屯步兵第 1 聯隊長。

志摩源吉（陸士 23），第 68 師團步兵第 57 旅團長、少將，長衡作戰期間於 8 月 7 日在衡陽戰死，追晉中將。曾任侵華戰場第 116 師團步兵第 120 聯隊長。

服部曉太郎（陸士 24），中將，1944 年 3 月任關東軍第 1 師團長，8 月 3 日改任教育總監部附，8 月 12 日在孫吳縣死去。

1945 年 3 人

山縣正鄉（海兵 39），中將，1943 年 11 月任第 4 南遣艦隊司令，擔任澳北與西部新幾內亞海域作戰。美軍攻勢轉向菲律賓後第 4 南遣艦隊被邊緣化，1945 年 3 月 7 日撤銷，所屬部隊轉隸第 10 方面艦隊。3 月 17 日山縣正鄉乘 97 大艇歸國，在福州附近海岸迫降後自殺，追晉大將。曾任侵華戰場第 3 聯合航空隊司令以及高雄警備府司令。

吉川資（陸士 24），第 59 師團步兵第 53 旅團長、少將，5 月 7 日在山東戰死，追晉中將。曾任侵華戰場第 39 師團步兵第 233 聯隊長。

關根久太郎（陸士 29），第 68 師團步兵第 58 旅團長、少將。日本重要資料關於關根久太郎的下場至今存有歧見，1980 年發行的《檜第六十八師團史》記載：在衡陽駐屯期間關根久太郎於 7 月 27 日戰病死，追晉中將。關根久太郎 1940 年 10 月任第 27 師團參謀長參加侵華作戰，1944 年 10 月任第 58 旅

團長。

　　戰時死亡的 30 名將官有大將 3 人、中將 10 人（追晉大將 2）、少將 17 人（追晉中將 16）。

1945 年 8 月 15 日始死亡將官 26 人

1. 事故死亡日軍將官 2 人

　　四手井綱正（陸士 27），緬甸方面軍參謀長、中將。1945 年 7 月底奉調關東軍總參謀副長，8 月 18 日晨在臺灣松山機場乘 97 重爆赴東北，起飛時左螺旋槳脫落機毀身亡，關東軍補給監部參謀長佐藤傑少將（陸士 29）、自由印度臨時政府首腦鮑斯（S.C.Bose）同機死去。

2. 自殺日軍將官 4 人

　　8 月 15 日始自殺日軍將官陸軍 25 人、海軍 6 人，在中國自殺者 4 人。

　　中村次喜藏（陸士 24），關東軍第 112 師團長、中將，8 月 18 日在琿春自殺。曾任侵華作戰第 18 師團步兵第 124 聯隊長、獨立混成第 19 旅團長。

　　人見秀三（陸士 23），臺灣第 12 師團長、中將，1946 年 4 月 13 日在臺南自殺。

　　安藤利吉（陸士 16），第 10 方面軍司令兼臺灣總督、預備役大將，1946 年 4 月 19 日在上海監獄自殺。

　　瀨谷啟（陸士 22），侵華戰場第 10 師團步兵第 33 旅團長，徐州作戰時的瀨谷支隊長，1940 年預備役中將，後召集任基隆要塞司令、（北部朝鮮）羅津要塞司令，戰後關押在蘇聯，引渡中國後 1954 年 5 月 27 日自殺。

3. 被處死日軍將官 9 人

　　遠東國際軍事法庭與美國、中國、英國、澳大利亞、荷蘭軍事法庭處死日軍將官陸軍 39 人、海軍 12 人，9 人在中國行刑。

（1）中國軍事法庭處決陸軍將官 6 人

　　酒井隆（陸士 20），預備役中將。濟南慘案時任駐在武官，1935 年任中國駐屯軍參謀長、參與何梅交涉，任第 14 師團步兵第 28 旅團長參加華北作戰、徐州作戰，後任張家口特務機關長、興亞院蒙疆聯絡部長官，任第 23 軍司令時指揮攻佔香港，1943 年後以酒井機關名義留居中國活動，1946 年 9 月 13 日在南京處決。

　　田中久一（陸士 22），第 23 軍司令兼香港總督、中將，1947 年 3 月 27

日廣州處死。美軍第 14 航空隊荷克少校轟炸香港時被擊落，日軍抓獲荷克將其虐殺，1946 年初美國上海軍事法庭即以此判處田中久一死刑（同案犯香港憲兵隊長野間賢之助大佐於 1947 年 5 月 27 日在香港處決）。應中國方面要求，田中久一又被移送廣州中國軍事法庭，再次判處死刑。

谷壽夫（陸士 15），廣島第 59 軍司令、中將，1947 年 4 月 26 日南京處死。1937 年任第 6 師團長，南京大屠殺主凶。

平野儀一（陸士 26），廣東惠陽第 129 師團步兵第 92 旅團長、少將，1947 年 5 月 12 日廣州處死。1940 年 3 月～1943 年 3 月任獨立步兵第 63 大隊長，先後隸屬獨立混成第 14 旅團、第 68 師團，以「平野支隊」番號參加棗宜作戰、第 2 次長沙作戰、浙贛作戰。

重藤憲文（陸士 28），1942～1945 年華南派遣憲兵隊長、少將，1945 年 8 月 10 日奉調華北派遣憲兵隊司令。1947 年 8 月 9 日廣州處死。

近藤新八（陸士 28），第 130 師團長、中將。曾任奉天憲兵隊長、第 37 師團參謀長、臺灣軍參謀長。1944 年 7 月任駐潮汕獨立混成第 19 旅團長，1947 年 10 月 31 日廣州處死。

（2）美國、英國、荷蘭軍事法庭在中國處死 3 人

鏑木正隆（陸士 32），本土第 55 軍參謀長、少將。1939 年 8 月第 13 師團參謀、參加第 1 次長沙會戰及棗宜會戰，1940 年 12 月～1942 年 10 月駐蒙軍高級參謀，1944 年 3 月第 11 軍參謀、參加長衡作戰，7 月任漢口第 34 軍參謀長，1945 年 6 月回國。駐漢口日軍發生殘殺美軍飛行員事件，因第 34 軍司令佐野忠義已於 1945 年 7 月病亡，鏑木正隆成為罪責承擔者，1946 年 4 月 22 日在上海被美國軍事法庭處以絞刑。

左近允尚正（海兵 40），中國方面艦隊參謀長、中將。曾任溥儀政權海軍部附、海軍漢口特務部長。1943 年 9 月左近允尚正任第 16 戰隊司令，1944 年 3 月臨時受權指揮第 7 戰隊的利根號重巡洋艦，利根號在印度洋擊沉英國商船比哈爾號、被俘船員遭槍殺。戰後英國起訴比哈爾號事件，認定左近允尚正與利根號艦長黛治夫承擔罪責，判處左近允尚正死刑、黛治夫 7 年徒刑，1948 年 1 月 21 日左近允尚正在香港被處死。

田村劉吉（海兵 41），第 14 根據地隊司令、少將。1936～1938 年任第 1 掃海隊司令，1943 年 9 月任東南方面艦隊第 83 警備隊司令，1944 年 2 月兼第 14 根據地隊司令駐澳屬新愛爾蘭島，因下令槍殺澳軍俘虜 1948 年 3 月 16

日在香港被澳大利亞軍事法庭處決。

4. 在羈押服刑期間死去陸軍將官 34 人、海軍將官 2 人，其中 8 人在中國死亡

長嶺喜一（陸士 28），少將，1945 年 11 月 15 日死於松江。1937 年始歷任侵華戰場華北方面軍後方參謀、華北方面軍特務部長代理、第 110 師團步兵第 139 聯隊長、第 3 師團步兵群長、獨立步兵第 9 旅團長、獨立混成第 62 旅團長，1945 年 6 月 10 日因病卸任。

上野源吉（陸士 24），獨立混成第 86 旅團長、少將，1946 年 1 月 16 日在湖北嘉魚病死。1941 年 12 月任侵華戰場第 104 師團步兵第 108 聯隊長。

坂西一良（陸士 23），中國派遣軍第 20 軍司令、中將，1946 年 9 月 16 日上海監獄病死。1943 年 2 月任侵華戰場第 35 師團長，指揮芷江作戰。

岡部直三郎（陸士 18），第 6 方面軍司令、大將，1946 年 11 月 23 日上海監獄病死。歷任華北方面軍參謀長、駐蒙軍司令、陸軍大學校長、第 3 方面軍司令、華北方面軍司令。

柳川悌（陸士 23），湖北第 132 師團長、預備役中將，重要戰犯在押，1948 年 2 月 27 日死於漢口監獄。曾任駐山東第 59 師團長，1943 年 3 月因館陶內亂事件免職編入預備役。

下河邊憲二（陸士 23），獨立混成第 23 旅團長、少將，1951 年 3 月 20 日死於廣東監獄。

橋本虎之助（陸士 14），溥儀政權參議府議長、預備役中將，日本投降後關押在西伯利亞，引渡中國後 1952 年 1 月 26 日死於哈爾濱。九一八事變時任參謀本部第 2 部長，受命赴奉天調查，後任關東軍參謀長、關東憲兵隊司令、陸軍省次官，1936 年入預備役。

佐佐木到一（陸士 18），關東軍第 149 師團長、預備役中將，日本投降關押在西伯利亞，1955 年 5 月 30 日死於撫順監獄。

5. 失蹤或死因不明日軍將官 3 人

岸本綾夫（陸士 11），1930 年任陸軍技術本部長，1936 年預備役大將，後歷任東京市長、滿洲製鐵理事長，1945 年 11 月 28 日被撫順駐軍逮捕後下落不明。

齋藤彌平太（陸士 19），任第 101 師團長參加侵華作戰，後任陸軍兵器本部長、蘇門答臘第 25 軍司令、中將，1943 年預備役，1944 年 7 月任滿洲拓

殖公社總裁，1946 年 5 月 14 日被長春當地軍隊逮捕後下落不明，1953 年 9
月宣布為戰時死亡。

秋山義隆（陸士 24），1938 年 5 月～1943 年 12 月侵華戰場第 106 師團
參謀長、南京特務機關長、獨立混成第 7 旅團長，1944 年 10 月溥儀政權軍政
部最高顧問、中將，1946 年 3 月 9 日自殺，另說 1949 年 6 月 8 日死去。

誤傳亡於中國的日軍將官

一些日軍將官被誤列為亡於中國，例如《歷史的恥辱柱——侵華日軍將
帥斃命全記錄》（張子申等，解放軍出版社 2005）、《日本：你為什麼還在沉迷
舊夢——論德日對戰爭罪行史的不同態度》（姜長斌，《探索與爭鳴》2005 年
第 4 期）所載，於此釐正。

沼田德重（陸士 19），第 114 師團長、中將。1939 年 7 月第 114 師團奉
調回國，8 月 12 日沼田德重死於福岡陸軍醫院。因戰傷送回國內不治而死者
可稱「戰病死」，例如新不列顛島東南方面艦隊兼第 11 航空艦隊參謀長中原
義正，1943 年 11 月 11 日美軍轟炸拉包爾時重傷，送回國內 1944 年 2 月 23
日「戰病死」。日本資料沼田德重未列為「戰病死」。

水上源藏（陸士 23），第 56 師團步兵群長、少將，1944 年 8 月 4 日在緬
甸密支那兵敗自殺，追晉中將。參加密支那圍攻戰的有中國駐印軍新 1 軍部
隊及美、英軍部隊。水上源藏曾任侵華戰場第 110 師團步兵第 110 聯隊長。

寶藏寺久雄（陸士 23），白城子陸軍飛行學校長、少將（白城子位於今吉
林省白城市），1940 年 2 月 26 日乘 97 重爆回國在京都附近墜落死亡，常被
誤為在中國東北墜機。

水川伊夫，常被誤稱「陸軍中將，綏西警備司令，1940 年 3 月 22 日在五
原被中國軍隊擊斃」，實際水川伊夫非陸軍軍人，曾在德王政權警務系統任職，
1985 年死於日本。

大津和郎（陸士 23），鎮海灣要塞司令、少將（鎮海灣位於朝鮮半島釜
山），1941 年 8 月 10 日死於任上，常被誤為在浙江省鎮海縣死亡。

河原利明（陸士 24），南方軍下屬南方航空輸送部司令、少將，1942 年
10 月 14 日在南中國海墜機死亡。其職務常被誤為臺灣第 4 飛行群長，實際
已於 1942 年 8 月任現職。

楠本實隆（陸士 24），上海派遣軍／華中派遣軍特務部總務班長、興亞院

華中聯絡部次長、第 5 師團第 9 旅團長（1937～1941），溥儀政權軍政部最高顧問、大東亞省駐北平公使（1943～終戰）、少將，常被誤稱 1943 年 5 月 2 日在東北被刺殺，實際 1979 年死於日本。

下田宣力（陸士 24），南方軍野戰鐵道司令部第 2 鐵道監、少將，指揮泰緬鐵路修建期間於 1943 年 1 月 26 日因飛行事故亡於緬甸。鐵道監部是日本陸軍擔任鐵道工程的機構，第 4 鐵道監部隸屬中國派遣軍第 2 野戰鐵道司令部，第 1、3 鐵道監部隸屬關東軍野戰鐵道司令部（後改稱大陸鐵道司令部），一些資料誤將第 2 鐵道監部列為華北方面軍序列。

佐久間為人（陸士 22），1943 年任第 68 師團長、中將，常被誤為 1944 年 7 月在長衡作戰負傷身亡。佐久間為人負傷後回國，次年 2 月任本土第 84 師團長，駐神奈川縣小田原，1970 年死亡。

森玉德光（陸士 27），白城子陸軍飛行學校教導飛行群長、少將，所部於 1942 年 11 月調新幾內亞島作戰，1944 年 7 月 25 日在霍蘭迪亞戰死，常被誤為死於中國東北。

有馬正文（海兵 43），駐菲律賓棉蘭老島達沃海軍第 26 航空戰隊司令、少將，1944 年 10 月 12～15 日日軍陸海軍出動 1251 架飛機攻擊美軍艦隊，15 日有馬正文駕 1 式陸攻對美軍艦艇自殺攻擊死去。此戰日本稱「臺灣沖航空戰」，常被誤為發生在臺灣近海，龐大的美軍艦隊實際位於臺灣島、呂宋島以東海域，支持第 6 集團軍登陸萊特島東岸。

鈴木義尾（海兵 40），第 3 戰隊司令、中將。1944 年 11 月萊特灣海戰失敗後率金剛、長門、大和號戰列艦從婆羅洲文萊基地返回本土，編隊經過臺灣海峽時遭美軍潛艇攻擊，旗艦金剛號被魚雷命中，11 月 21 日 5 時金剛號在基隆以北 100 公里（北緯 26.15，東經 121.38）發生大爆炸沉沒，鈴木義尾死亡。金剛號沉沒地點常被誤為臺灣海峽。

佐野忠義（陸士 23），曾任侵華戰場第 14 師團參謀長、野戰重炮兵第 4 旅團長、第 38 師團長，中將，1944 年 7 月任漢口第 34 軍司令，1945 年 1 月因病退任中國派遣軍附，7 月 3 日在本土仙臺死亡，常被誤為在漢口病死。

福地英男（海機 24），內閣軍需省中國軍需監督部長、少將，1945 年 8 月 17 日在本土自殺，常被誤為死於侵華戰場。福地英男職務中的「中國」其實是日本山陽山陰地區，包括廣島、岡山、鳥取、島根、山口 5 縣。

田中透（陸士 26），臺灣步兵第 2 聯隊長、少將。「臺灣步兵第 2 聯隊」

是部隊番號，原屬臺灣守備隊，1937 年 9 月始先後在重藤支隊、波田支隊、飯田支隊序列參加淞滬作戰、武漢作戰、華南作戰，1939 年 1 月編入臺灣混成旅團正式脫離臺灣，1940 年 11 月在海南島編入第 48 師團。1941 年 10 月田中透任臺灣步兵第 2 聯隊長，太平洋戰爭爆發後隨第 48 師團侵入菲律賓、荷屬東印度，之後一直駐防荷屬帝汶島，1948 年 4 月 7 日被荷蘭軍事法庭在安汶島處死。田中透常被誤為駐防臺灣、戰後被中國軍事法庭處死。

河根良賢（陸士 23），華北方面軍下屬華北野戰自動車廠長、少將。1941 年 8 月任第 3 野戰輸送司令，隸屬第 14 軍侵入菲律賓，是呂宋島著名「巴丹死亡行軍」指揮官，1949 年 2 月 12 日在東京巢鴨被美國軍事法庭處死。「巴丹行軍」現場指揮官第 61 兵站地區隊長平野庫太郎大佐同時絞死。河根良賢因終戰時在侵華戰場任職而被誤為中國軍事法庭處死。

吉川貞佐，中文資料稱「華北五省特務機關長吉川貞佐少將和數名日軍頭目，於 1940 年 5 月 17 日被人刺殺於特務機關駐處的山陝甘會館」「吉川貞佐係日本陸軍士官學校憲兵科畢業」。經查日本陸軍士官學校無「吉川貞佐」，侵華日軍無「華北五省特務機關」。

參考資料

1. 服部卓四郎：《大東亞戰爭全史》，張玉祥等譯，商務印書館，1984。

2. 日本防衛廳防衛研究所戰史室：《中國事變陸軍作戰史》共三卷六分冊，田琪之等譯，中華書局，1979～1980。

3. 日本防衛廳防衛研究所戰史室：《日本海軍在中國作戰》，天津市政協編譯委員會譯，中華書局，1991。

4. 日本防衛廳防衛研究所戰史室：《昭和十七、十八年的中國派遣軍》上、下冊，高書全等譯，中華書局，1984。

5. 日本防衛廳防衛研究所戰史室：《昭和二十年的中國派遣軍》共兩卷四分冊，天津市政協譯，中華書局，1982。

6. 藤原彰：《日本軍事史》，張冬等譯，解放軍出版社，2015。

7. 戶部良一：《日本陸軍與中國——「支那通」折射的夢想和挫摺》，金昌吉等譯，社會科學文獻出版社，2015。

8. 日本讀賣新聞戰爭責任檢證委員會：《檢證戰爭責任：從九一八事變到太平洋戰爭》，鄭鈞等譯，新華出版社，2007。

9. 《日本陸海軍事典》http://homepage1.nifty.com/kitabatake/rikukaiguntop.html。

10. 《大日本帝國陸軍總合インデックス》http://www1.odn.ne.jp/tobu7757/J_wsd/armydate/。

11. 《日本海軍組織と編制》http://hush.gooside.com/Order/GF/Index1941.html#anchor33452。

12. 《日本亞洲歷史資料中心》https://www.jacar.go.jp/glossary/term/0100-0040.html，昭和（終戰期）〉終戰時の部隊配置（本州・九州・四國除く）。

13. 東史郎：《東史郎日記》，江蘇教育出版社，1999。

14. 雷蒙德.拉蒙特一布朗，《憲兵：日本可怕的軍事警察》，藍文萱、陳建民譯，世界知識出版社，1999。

15. James F. Dunnigan and Albert A. Nofi, 《The Pacific War Encyclopedia》, Checkmark Books, New York, 1998.

16. 黃力民：《日本帝國陸海軍檔案》，九州出版社，2012。

17. 黃力民：《1945 年：日本、蘇聯兩失算》，《歷史學家茶座》2009 年第 3 輯。

18. 黃力民：《甲級戰犯典型情節與東京審判的解讀》，《歷史學家茶座》2010 年第 2 輯。

附錄：二戰亞太戰場日軍兵力分布態勢

　　七七事變至二戰終戰日本陸海軍戰死近 210 萬，尚存海外兵員陸軍 310 萬、海軍 40 萬，本土陸軍 240 萬、海軍 130 萬，共 720 萬，分布在北起中國黑龍江、南庫頁島、千島群島，南到小巽他群島，東起布干維爾島，西至緬甸、安達曼—尼可巴汝群島的廣大地域。其中日軍被全殲或主動撤出的較大島嶼有：夸賈林環礁、埃內韋塔克環礁、貝里琉島、安加爾島、塞班島、提尼安島、硫磺島、沖繩島（以上屬日本領地或委任統治地），瓜達卡納爾島、阿圖島、基斯卡島、塔拉瓦環礁、新喬治亞群島、聖伊莎貝爾島、馬努斯島、洛斯內格羅斯島、比亞克島、農福爾島、關島（以上為日軍侵佔地）。

終戰時日本陸軍部隊組織系統

　　1. 第 1 總軍（東京），擔任鈴鹿以東本州島防禦，轄第 11、12、13 方面軍；

　　2. 第 2 總軍（廣島），擔任鈴鹿以西本州島、九州、四國防禦，轄第 15、16 方面軍；

　　3. 航空總軍（東京），擔任本土、中國東北、朝鮮航空作戰；

　　4. 第 5 方面軍（札幌），擔任北海道、南庫頁島、千島群島作戰；

　　5. 中國派遣軍（南京），作戰地域中國關內（除東北、熱河省），轄華北方面軍（北平）、第 6 方面軍（漢口）、第 6 軍（杭州—南京）、第 13 軍（上海）、第 23 軍（廣州）；

　　6. 關東軍（長春），作戰地域中國東三省、熱河省、朝鮮，轄第 1 方面軍（牡丹江）、第 3 方面軍（瀋陽）、第 17 方面軍（漢城）、第 4 軍（哈爾濱）、第 34 軍（咸興）；

　　7. 南方軍（大叻），作戰地域東南亞大陸、荷屬東印度、東部新幾內亞、菲律賓、帕勞群島，轄緬甸方面軍、第 7 方面軍（新加坡）、第 14 方面軍（呂宋島）、第 18 方面軍（曼）、第 2 軍（西里伯斯島）、第 18 軍（東部新幾內亞）、第 37 軍（英屬婆羅洲）、第 38 軍（河內）、帕勞集團（帕勞群島）；

　　8. 第 10 方面軍（臺北），作戰地域臺灣地區、與論島以南的日本西南諸島；

　　9. 第 8 方面軍（拉包爾），作戰地域俾斯麥群島、所羅門群島；

　　10. 第 31 軍（特魯克島），作戰地域中太平洋；

　　11. 小笠原兵團（父島），作戰地域小笠原群島。

　　總計指揮機關總軍 5、方面軍 17、軍 43、航空總軍 1、航空軍 4，下轄部隊師團 164、戰車師團 4、飛行師團 9、獨立混成旅團 96、旅團 2、警備旅團 3、海上機動旅團 2、獨立戰車旅團 9、騎兵旅團 1、獨立步兵旅團 11、獨立警備隊 13。

終戰時日本海軍部隊組織系統

　　全面侵華戰爭初期日本海軍部隊按指揮隸屬關係分為三大塊，即：

　　1. 1937 年 10 月組建中國方面艦隊下轄遣華艦隊、海南警備府；

　　2. 中國方面艦隊以外的所有艦艇編隊、航空部隊隸屬聯合艦隊；

　　3. 各鎮守府與各警備府。

　　1945 年 1 月 1 日《大海令第 36 號》規定中國方面艦隊、各鎮守府、各警備府、海上護衛總司令部部隊有關作戰受聯合艦隊司令指揮，形成聯合艦隊對所有海軍部隊的隸屬指揮與限定指揮。

　　1945 年 4 月 25 日成立海軍總隊（陸軍沒有設置類似的機構），聯合艦隊司令部兼海軍總司令部，海軍總司令接任原聯合艦隊司令任務即指揮所有海軍部隊，因此《大海令第 36 號》授予聯合艦隊的限定指揮權不再適用，代之以海軍總司令部對聯合艦隊、中國方面艦隊、海上護衛總司令部、各鎮守府、各警備府的隸屬指揮關係。但由於海軍總司令兼聯合艦隊司令兼海上護衛總隊司令小澤治三郎的資歷（海兵 37）不及部分下屬，《日本陸海軍事典》實際

記載的終戰時海軍部隊組織系統有所出入。

（1）海軍總隊直轄高雄警備府、鎮海警備府、大湊警備府兼第 12 航空艦隊、大阪警備府；

（2）海軍總隊兼聯合艦隊：第 3 航空艦隊（奈良），第 5 航空艦隊（大分），第 10 航空艦隊（茨城），第 12 航空艦隊（大湊），第 4 艦隊（中太平洋特魯克），第 6 艦隊（吳），第 7 艦隊（門司）；

（3）第 10 方面艦隊（新加坡）：第 13 航空艦隊（新加坡），第 1 南遣艦隊（新加坡），第 2 南遣艦隊（泗水）；

（4）海上護衛總隊：第 1 護衛艦隊（日本海）；

（5）中國方面艦隊（上海）：第 2 遣華艦隊（香港），海南警備府；

（6）西南方面艦隊（呂宋島）：第 3 南遣艦隊（呂宋島）；

（7）東南方面艦隊（拉包爾）：第 11 航空艦隊（拉包爾），第 8 艦隊（布干維爾島）；

（8）橫須賀鎮守府；

（9）吳鎮守府；

（10）舞鶴鎮守府（兼第 1 護衛艦隊）；

（11）佐世保鎮守府。

總計聯合艦隊、方面艦隊 4、編號艦隊 4、航空艦隊 6、南遣艦隊 3、遣華艦隊 1、護衛艦隊 1、鎮守府 4、警備府 5，包括 10 個航空戰隊與 2 個聯合航空隊（含編號航空隊 44、地名航空隊 72）、6 個戰隊、2 個潛水戰隊、9 個特攻戰隊、7 個根據地隊與 22 個特別根據地隊，以及上海特別陸戰隊。

日本陸海軍分布態勢

1. 俾斯麥群島與所羅門群島

1942 年 1 月日軍南海支隊攻佔澳大利亞委任統治地俾斯麥群島的新不列顛島拉包爾、新愛爾蘭島卡維恩，拉包爾成為日軍在外南洋指揮中樞。6 月日本海軍在拉包爾東南 1100 公里的所羅門群島瓜島修建機場，以切斷美國與澳大利亞海上聯繫。8 月 7 日美軍第 1 陸戰師登陸瓜島始，此地一時是太平洋主戰場。至 1943 年 10 月日軍戰敗相繼放棄瓜島、新喬治亞群島、聖伊莎貝爾島等，美軍登陸北所羅門布干維爾島中部托羅基納，至 1944 年初美軍在托羅基納、格林群島、阿德默勒爾蒂群島、埃米勞島的基地對布干維爾島布因

與拉包爾日軍構成海上、空中封鎖。10 月澳軍第 3、5 師接替美軍擔任兩地地面作戰，由於日軍構築堅固要塞，作戰持續到日本宣布投降。俾斯麥、所羅門群島日軍戰死陸軍 7 萬、海軍 4.7 萬。

終戰時第 8 方面軍（今村均）及第 17、38 師團、第 65 旅團、獨立混成第 39 旅團與海軍東南方面艦隊（草鹿任一）及第 11 航空艦隊駐拉包爾，獨立混成第 40 旅團、第 14 根據地隊駐新愛爾蘭島，陸海軍官兵 5.8 萬、3.1 萬人。第 8 方面軍的第 17 軍（神田正種）及第 6 師團、獨立混成第 38 旅團，東南方面艦隊下屬第 8 艦隊（鮫島具重）及第 1 根據地隊、佐世保 6 特、吳 7 特、橫須賀 8 特駐北所羅門布干維爾島，陸海軍官兵 1.2 萬、1.7 萬人。

2. 瑙魯島、大洋島

瓜島爭奪戰初期，日本海軍第 27 驅逐隊陸戰隊於 1942 年 8 月 25～26 日登陸佔領瑙魯島（澳、英、新西蘭托管地）、英屬大洋島（今巴納巴島），組建第 67 警備隊，後增派橫須賀二特，編入特魯克第 4 根據地隊序列，終戰時約 5000 人。

3. 吉爾伯特群島

太平洋戰爭開戰時日本海軍佔領英屬吉爾伯特群島。1943 年 11 月美軍尼米茲部開始進軍中太平洋，首戰攻佔日軍重兵設防的塔拉瓦環礁及馬金島，全殲守軍 5000 人。吉爾伯特群島其他島嶼僅有少量日軍殘存。

4. 馬紹爾群島

馬紹爾群島為日本委任統治地。1944 年 2 月美軍尼米茲部攻克誇賈林、馬金、埃內韋塔克環礁，全殲海軍第 6 根據地隊、第 24 航空戰隊、陸軍海上機動第 1 旅團計 1.2 萬。此後馬紹爾群島馬朱羅環礁成為美國海軍艦隊錨地，沃特傑、米里、馬洛拉普、賈盧伊特環礁等處尚存日本海軍第 62、63、64、66 警備隊、第 24 航空戰隊、陸軍海上機動第 1 旅團的殘部合計 1.3 萬人，分別隸屬特魯克第 4 艦隊、第 31 軍。

5. 阿留申群島

1942 年 6 月中途島海戰期間日軍佔領阿留申群島的阿圖島、基斯卡島。1943 年 5 月美軍第 7 步兵師登陸阿圖島，全殲守軍 2500 人，是日軍首次「玉碎」之戰。7 月日軍撤出基斯卡島。

6. 加羅林群島

加羅林群島是日本委任統治地，中部的特魯克群島是日軍在中太平洋的頭號基地，1942 年 8 月～1944 年 2 月聯合艦隊在此指揮南太平洋作戰。

1944 年 2 月 17 日，美軍米切爾第 58 特混艦隊的 9 艘航母及 60 多艘其他艦艇襲擊特魯克群島，此後中太平洋防禦已無大意義，美軍繞過特魯克群島西進。馬里亞納日軍覆沒後，直屬大本營的日軍第 31 軍司令部改設特魯克，第 52 師團長麥倉俊三郎兼任軍司令。第 31 軍殘部約 3.4 萬人，獨立混成第 50、51、52 旅團，獨立混成第 9、10、11、13 聯隊，南洋第 1、2、4 支隊等部隊以特魯克島為中心分駐梅里揚環礁（今沃萊艾）、恩德比島（今普盧瓦特）、特魯克群島、莫特洛克群島薩塔萬環礁、波納佩島、庫塞埃島等，東西超 3000 公里。駐特魯克海軍第 4 艦隊（原忠一）3 萬多人，轄第 4、6 根據地隊，東加羅林航空隊、馬里亞納航空隊、橫須賀第 2 特別陸戰隊等部隊。

7. 馬里亞納群島

北馬里亞納為日本委任統治地，太平洋戰爭一開始日軍南海支隊佔領美屬關島，馬里亞納群島成為日本「絕對國防圈」的前哨。塞班島曾是中太平洋指揮中樞，設第 31 軍（小畑英良），統轄特魯克集團、南馬里亞納集團、北馬里亞納集團、小笠原兵團、帕勞集團；海軍有中太平洋方面艦隊（南雲忠一）。1944 年 6～8 月美軍尼米茲部收復關島，攻佔塞班島、提尼安島，此地成為轟炸日本本土的航空基地。

日軍第 29、43 師團、獨立混成第 47、48 旅團、中太平洋方面艦隊、第 14 航空艦隊戰敗覆沒均撤銷番號，殘存日軍還有羅塔島獨立混成第 10 聯隊，帕干島獨立混成第 9 聯隊。

8. 帕勞群島

帕勞群島地理上屬加羅林群島，馬里亞納作戰後日軍帕勞群島防務改歸南方軍。1944 年 9 月美軍尼米茲部進攻帕勞群島，歷經兩個多月血戰佔領貝里琉島、安加爾島，消滅日軍 1.2 萬。兩島用於囤積美軍在菲律賓作戰的物資裝備，太平洋艦隊錨地從馬紹爾群島馬朱羅、夸賈林以及埃內韋塔克環礁推進到雅浦群島烏利希環礁，此地距沖繩島 2200 公里，距萊特島 1600 公里。終戰時帕勞群島還有日軍帕勞集團約 1.5 萬人：第 14 師團、獨立混成第 53 旅團、獨立混成第 49 旅團（雅浦群島），海軍第 30 特別根據地隊約 1 萬人。

9. 阿德默勒爾蒂群島

1944 年 3 月麥克阿瑟指揮第 1 騎兵師登陸阿德默勒爾蒂群島馬努斯島、洛斯內格羅斯島，守軍 3000 人潰敗逃入內陸叢林。美國海軍在希阿德勒灣建有龐大後方基地。

10. 東部新幾內亞

1942 年 7 月日軍南海支隊登陸澳屬東部新幾內亞北岸，企圖南下攻取首府莫爾茲比港，11 月組建第 18 軍（安達二十三）。南海支隊作戰失敗後第 18 軍第 20、41、51 師團沿東部新幾內亞北岸佈防以阻擋美軍西進。1943 年 9 月麥克阿瑟所部在萊城登陸，發起新幾內亞島北岸作戰，歷經一年到達新幾內亞島西端，第 18 軍屢遭慘敗戰死 12 萬人，退縮中部韋瓦克地區。1944 年 10 月起澳軍獨立擔任本地作戰，繼續圍殲日軍，終戰時日軍僅餘官兵 1.2 萬人。第 18 軍先後隸屬第 8 方面軍、第 2 方面軍，1945 年 5 月直屬南方軍。駐韋瓦克外海的馬努島海軍第 27 特別根據地隊僅有官兵 1200 人。

11. 西部新幾內亞與澳北

1943 年 10 月第 2 軍（豐島房太郎）司令部隨第 2 方面軍司令部從關東軍調西里伯斯島，擔任西部新幾內亞與澳北作戰。1944 年 5 月美軍麥克阿瑟部進入西部新幾內亞，在瓦克德等地與日軍第 36 師團交戰，攻佔比亞克島、農福爾島，7 月 31 日美軍第 6 步兵師進佔鳥頭半島西端桑薩波村，9 月攻佔莫羅泰島後結束新幾內亞島與澳北作戰，日軍戰死 5.3 萬。第 2 方面軍撤銷後第 2 軍直屬南方軍，終戰時西部新幾內亞有索龍第 35 師團，馬諾誇里步兵第 221 聯隊與海軍第 18 警備隊，薩米第 36 師團，索龍與薩拉瓦蒂島海上機動第 2 旅團，哈馬黑拉島第 32 師團、獨立混成第 128 旅團、第 10 派遣隊，塞蘭島第 5 師團，官兵 8.8 萬。駐西里伯斯馬伽薩有海軍第 23 特別根據地隊、駐安汶島第 25 特別根據地隊，計 3.1 萬。

12. 婆羅洲

太平洋戰爭初期日軍佔領婆羅洲，陸海軍分駐婆羅洲的英屬、荷屬領地。1944 年 9 月日軍婆羅洲守備軍改制為第 37 軍（馬場正郎）直屬南方軍，下轄獨立混成第 71 旅團駐西部港口古晉，獨立混成第 56 旅團駐文萊。駐荷屬婆羅洲日本海軍第 22 特別根據地隊集中於東南港口包括石油中心巴釐巴板。1945 年波茨坦美英聯合參謀長委員會商定菲律賓以南原屬西南太平洋戰區的作戰地域改屬東南亞戰區。東南亞戰區將所羅門群島、俾斯麥群島、東部新

幾內亞戰場分配給澳軍。澳軍首腦認為所得地盤太小，以後又確定將婆羅洲交給澳軍。1945 年 5 月初澳軍第 9 師一部攻佔打拉根，6 月登陸文萊灣，攻佔沙巴。7 月第 7 師攻佔巴釐巴板，日軍退守三馬林達。終戰時婆羅洲戰事尚未結束，日軍殘部陸軍 2.45 萬、海軍 1.1 萬。

13. 爪哇島及小巽他群島

戰爭初期第 16 軍在今村均指揮下攻打荷屬東印度，後駐屯爪哇島及小巽他群島，司令部駐雅加達，司令長野祐一郎，下屬萬隆獨立混成第 27 旅團，蘇臘巴亞獨立混成第 28 旅團。駐帝汶島第 48 師團曾隸屬第 2 軍，日本投降前 10 天奉命改隸第 16 軍，預定移防爪哇島尚未實施，8 月 17 日佔據東帝汶日軍撤出。終戰時第 16 軍官兵 5.8 萬人，駐蘇臘巴亞的第 10 方面艦隊第 2 南遣艦隊（柴田彌一郎）及其下屬第 21 特別根據地隊官兵 1.9 萬人。

14. 蘇門答臘島

日軍攻打爪哇島期間佔領蘇門答臘島。終戰時第 25 軍（田邊盛武）駐西海岸武吉丁宜，下屬獨立混成第 25 旅團在巴東港，近衛第 2 師團駐棉蘭控制馬六甲海峽北端，第 9 飛行師團駐拉哈特，官兵 6 萬人。駐印度洋沙璜島的第 9 根據地隊海軍官兵 5000 人。

15. 馬來、新加坡與安達曼—尼可巴汝群島

太平洋戰爭開戰日山下奉文指揮第 25 軍偷襲登陸馬來半島東岸，次年 2 月佔領馬來、新加坡全境。終戰時南方軍第 7 方面軍（板垣征四郎）駐新加坡，指揮第 16、25、29 軍，擔任馬來與荷屬東印度的駐屯任務，在大多數地區還負責管理地方政權，部隊只有 4 個師團、8 個獨立混成旅團。戰爭末期第 7 方面軍成為南方軍的核心，其任務是「安定並確保南方中央要域，並統理軍政，作為南方圈之總兵站基地」，而盟軍也恰好沒有將此處列入攻擊計劃。第 7 方面軍是日本陸軍保持完整的集團之一。

馬來半島防務由第 29 軍（石黑貞藏）擔任，司令部駐太平，第 46 師團駐太平、獨立混成第 26 旅團駐新加坡。獨立混成第 35、36、37 旅團分駐印度洋安達曼群島與尼可巴汝群島，第 94 師團與獨立混成第 70 旅團佈防馬來半島頸部。南方軍第 3 航空軍（木下敏）駐新加坡，轄第 5 飛行師團、第 55 航空師團。

海軍第 10 方面艦隊及下屬第 13 航空艦隊、第 1 南遣艦隊駐新加坡，福留繁兼任三個艦隊司令。所屬部隊有第 10、12、15 特別根據地隊分駐新加坡、

安達曼群島、檳榔嶼，第 28 航空戰隊駐新加坡。

終戰時馬來半島及附近島嶼有日本陸軍 9.6 萬、海軍 3.8 萬人。

總計第 7 方面軍部隊（爪哇及小巽他、蘇門答臘、馬來及安達曼尼可巴汝）約 21.3 萬人，第 10 方面艦隊部隊（新幾內亞、西里伯斯、婆羅洲、爪哇及小巽他、蘇門答臘、馬來及安達曼—尼可巴汝、緬甸、法屬印度支那）約 12 萬人。

16. 菲律賓

太平洋戰爭開始時日軍第 14 軍登陸呂宋島，1942 年 5 月美菲守軍投降。1944 年 7 月第 14 軍升格為第 14 方面軍，10 月 20 日美軍麥克阿瑟部發起萊特島作戰，次年 1 月 9 日登陸呂宋島，菲律賓全境作戰持續到終戰時，日本陸海軍先後投入 60 萬人，終戰時僅餘陸軍 9.7 萬、海軍 3.6 萬。

呂宋島日軍殘部分三部分：方面軍司令山下奉文率第 10、19、23、103、105 師團、戰車第 2 師團、第 4 飛行師團、獨立混成第 58 旅團散佈呂宋島碧瑤東北的普洛格山區；建武集團（塚田理喜智）的第 1 挺進集團等部隊遁入克拉克基地以西山區；橫山靜雄的第 41 軍（轄第 8 師團等）在馬尼拉以東山區大部潰散。呂宋島以外有萊特島第 16、26 師團與第 68 旅團，棉蘭老島第 30、100 師團、獨立混成第 54 旅團，宿務島第 1、102 師團，霍洛島獨立混成第 55 旅團，統由第 35 軍司令鈴木宗作指揮。1945 年 4 月鈴木宗作溺水死亡，軍參謀長友近美晴指揮殘部。

菲律賓日本海軍西南方面艦隊（大川內傳七）下屬第 3 南遣艦隊，呂宋島第 26 航空戰隊、第 31 特別根據地隊，棉蘭老島第 32 特別根據地隊，宿務島第 33 特別根據地隊。

17. 緬甸

太平洋開戰時南方軍第 15 軍擔任進攻緬甸，1943 年 3 月組建緬甸方面軍（河邊正三、木村兵太郎）。1944 年 3 月日軍曾從緬甸西北攻入印度英帕爾。日軍在緬甸、印度戰死 16.7 萬。1945 年 7 月，在盟軍打擊下日軍放棄錫當河防線全部退入以毛淡棉為中心的泰緬邊境地區，緬甸方面軍最終的序列是第 28、33 軍，轄第 18、31、33、49、53、54 師團以及獨立混成第 24、72、105 旅團，約 7 萬人，海軍第 13 特別根據地隊官兵僅 2400 人。

18. 泰國

1941 年底泰國與日本簽訂同盟條約並向美、英宣戰。依據條約日本在泰

國駐軍作為其南侵基地。日軍泰國駐屯軍於 1944 年改制為第 39 軍，次年升格為第 18 方面軍（中村明人）。屬下第 15 軍及第 4 師團駐泰北南邦，直轄獨立混成第 29 旅團駐泰國迭拉塞留姆。原緬甸方面軍第 15、56 師團作戰失敗後改隸第 18 方面軍，駐泰緬邊境北碧。8 月 4 日法屬印度支那第 22 師團奉命從第 38 軍調入第 18 方面軍。第 18 方面軍官兵 10.6 萬人。

19. 印度支那

1940 年 9 月在日軍華南方面軍序列組建印度支那派遣軍，脅迫維希法國進駐北部印度支那，1941 年 7 月近衛師團部隊進入南部印度支那，1944 年 12 月組建南方軍直轄第 38 軍（土橋勇逸），1945 年 3～5 月日軍進攻法越殖民軍，接管河內、海防、金邊、萬象等地，第 38 軍司令部從西貢遷河內，第 2 師團駐西貢，第 21 師團駐河內，獨立混成第 34 旅團駐順化，第 37 師團奉命開往馬來中止在曼谷，第 55 師團從緬甸退往南部越南，合計官兵 9 萬人。海軍第 11 特別根據地隊駐西貢，官兵 9000 人。

1944 年 11 月南方軍總司令部從馬尼拉遷至西貢，不久再遷大叻，總司令寺內壽一。太平洋戰爭初期南方軍轄第 14、15、16、25 軍分別用於菲律賓、緬甸、荷屬東印度、馬來亞方向作戰，共轄 10 個師團。

戰爭末期南方軍作戰地域東到東部新幾內亞，西到印度英帕爾、安達曼群島，空距 6000 公里以上，轄 4 個方面軍（9 個軍），3 個直轄軍，1 個航空軍，總計有 38 個師團、1 個戰車師團、22 個獨立混成旅團、3 個飛行師團、1 個旅團、1 個海上機動旅團，官兵總計 71.6 萬人。其中緬甸方面軍、第 14 方面軍、第 2 軍、第 18 軍均為潰敗狀態。臨近終戰時南方軍確定的戰略是「以泰國為中心，確保印度支那半島及新加坡周圍之要域，整備自戰自活永久抗戰之態勢」。

20. 威克島

太平洋戰爭一開始日本海軍出兵佔領美國威克島，終戰威克島駐有日本陸軍獨立混成第 13 聯隊，海軍第 65 警備隊。

21. 小笠原群島

1944 年馬里亞納作戰後小笠原兵團直屬大本營，硫磺島守軍第 109 師團下屬混成第 2 旅團等 2.2 萬被美軍尼米茲部全殲。之後美軍攻勢轉向，小笠原兵團得以困守其他島嶼。第 109 師團餘部 6 個獨立步兵大隊以及混成第 1 聯隊，獨立混成第 12、17 聯隊分駐父島、母島、南鳥島，海軍有父島方面特

別根據地隊，合計陸軍 1.5 萬、海軍 0.8 萬。

22. 臺灣與日本西南諸島

第 10 方面軍（安藤利吉）擔任臺灣地區與日本西南諸島作戰。臺灣地區第 9、12、50、66、71 師團、第 8 飛行師團、獨立混成第 75、76、100、102、103、112 旅團 12.8 萬人，海軍高雄警備府下屬高雄方面特別根據地隊、馬公方面特別根據地隊、第 29 航空戰隊 4.7 萬人。獨立混成第 61 旅團駐呂宋島以北的巴布延群島。

第 10 方面軍屬下第 32 軍（牛島滿）駐沖繩負責西南諸島防衛，1945 年 4 月美軍尼米茲部攻打沖繩島，近 10 萬日軍戰死。第 24、62 師團與獨立混成第 44 旅團戰敗覆滅撤銷番號。第 32 軍餘部有宮古島第 28 師團、獨立混成第 59、60 旅團，石垣島獨立混成第 45 旅團，西表島船浮要塞留置部隊，合計 4 萬人。海軍在西南諸島有沖繩方面根據地隊餘部 1 萬人。

23. 中國關內

終戰時日軍中國派遣軍轄方面軍 2、軍 9、師團 26、戰車師團 1、飛行師團 1、獨立混成旅團 22、獨立步兵旅團 11、騎兵旅團 1、獨立警備隊 13、支隊 1，約 105 萬人。中國方面艦隊轄警備府 1、根據地隊 4、（上海）陸戰隊 1，約 6.1 萬人。

七七事變以來日軍在中國關內戰死約 42 萬。

24. 中國東北與朝鮮半島

關東軍司令部駐長春，1944 年底關東軍轄 10 個師團，為 1939 年以來之最低狀態。1945 年 5 月底將北部朝鮮劃為關東軍作戰地域，遠東戰役發起後關東軍依預案將逐步收縮到南滿、朝鮮，第 17 方面軍（上月良夫）奉命改隸關東軍。終戰時關東軍總司令山田乙三，轄 31 個師團、11 個獨立混成旅團、2 個獨立戰車旅團，其中 22 個師團、8 個獨立混成旅團、2 個獨立戰車旅團約 51 萬人在中國東北。

北部朝鮮第 34 軍（櫛淵鍹一）司令部駐咸興，轄第 59、137 師團、獨立混成第 133 旅團，約 7 萬。第 17 方面軍約 22 萬人，防禦重點半島南端反抗美軍登陸，濟州島有第 58 軍（永津佐比重）轄第 96、111、121 師團、獨立混成第 108 旅團。第 17 方面軍司令部駐漢城，直轄第 120、150、160、320 師團、獨立混成第 127 旅團分駐全州、光州、群山、釜山等處。

日本陸軍第 2 航空軍駐長春，第 5 航空軍駐漢城。

海軍鎮海警備府（山口儀三郎）在南部朝鮮有官兵 3 萬，下轄旅順方面特別根據地隊、元山方面特別根據地隊各數千。

25. 北海道、千島群島與南庫頁島

日軍在北海道及北方島嶼的防衛對象是蘇軍，不屬於本土三島防衛體系，1944 年 2 月在札幌組建第 5 方面軍（樋口季一郎），終戰時轄 5 個師團 2 個獨立混成旅團約 9 萬人：南庫頁島第 88 師團、擇捉島第 89 師團、千島群島占守島第 91 師團、千島群島得撫島獨立混成第 129 旅團，北海道苫小牧獨立混成第 101 旅團、帶廣第 7 師團、稚內第 42 師團、札幌第 1 飛行師團。遠東戰役時這裡是蘇聯遠東第 2 方面軍及堪察加半島防區作戰地域，在南庫頁島與占守島有師級規模的交戰。

終戰時上述海外戰場日本陸軍地面部隊有 3 個總軍（關東軍、中國派遣軍、南方軍）、12 個方面軍、31 個軍，轄 111 個師團、73 個獨立混成旅團。

26. 日本本土三島

1945 年 4 月日本本土進入臨戰體制，組建第 1 總軍（杉山元）與第 2 總軍（畑俊六）負責本州、九州、四國及近岸島嶼、部分西南諸島防禦。

第 1 總軍司令部駐東京，轄仙臺第 11 方面軍（藤江惠輔）、東京第 12 方面軍（田中靜壹）、名古屋第 13 方面軍（岡田資），第 2 總軍司令部駐廣島，轄大阪第 15 方面軍（內山英太郎）、福岡第 16 方面軍（橫山勇）。第 1、第 2 總軍指揮第 36、40、50～57、59 軍與東京防衛軍 12 個軍司令部，轄 53 個師團、4 個高射師團、2 個戰車師團、23 個獨立混成旅團、7 個獨立戰車旅團、3 個警備旅團、1 個海上機動旅團。第 1、2 總軍的 50 個師團與所有高射師團、獨立混成旅團等均為新編，從未調出本土，由於人員裝備缺乏一些部隊並未成軍。

第 1、第 2 總軍作戰地域以三重縣鈴鹿（約東經 136.5 度）分界。西南諸島方向與論島（含）以北歸入本土第 2 總軍，與論島以南歸第 10 方面軍。

陸軍航空總軍（河邊正三）駐東京，直轄札幌第 1 飛行師團、大阪第 11 飛行師團、東京第 1 航空軍、福岡第 6 航空軍。

本土海軍有聯合艦隊（小澤治三郎）轄奈良第 3 航空艦隊、大分第 5 航空艦隊、茨城第 10 航空艦隊、大湊第 12 航空艦隊、吳港第 6 艦隊、門司第 7 艦隊，以及海上護衛總隊轄第 1 護衛艦隊。聯合艦隊龜縮內海，能開動的艦艇寥寥無幾，陸基航空擁有 3000 架飛機。

　　海軍地區的陸上防衛由海軍橫須賀鎮守府、佐世保鎮守府、吳鎮守府、舞鶴鎮守府與大阪警備府、大湊警備府負責，受第 1、第 2 總軍指揮。

　　本土設防的第一重點東京及附近地區由第 12 方面軍擔任，共 19 個師團、2 個戰車師團、1 個高射師團、7 個獨立混成旅團、3 個獨立戰車旅團、1 個海上機動旅團、3 個警備旅團，海軍橫須賀鎮守府。另一重點九州島由第 16 方面軍擔任，計 14 個師團、1 個高射師團、8 個獨立混成旅團、3 個獨立戰車旅團，海軍佐世保鎮守府。美軍恰好是先以「奧林匹亞」計劃攻佔九州島，第二步「皇冠」計劃攻佔關東平原，預想通過登陸九州切斷本土與朝鮮半島、滿洲的聯繫，分割日軍並壓迫日本總體投降。

後 記

「淪陷那一年」

　　兒童在玩耍，大人們一旁自顧自地閒聊。有一天，兒童口中突然蹦出當年大人們聊天內容，大人驚詫不已——原來這孩子一面玩耍、一面竟留神聽著大人們在說些什麼。

　　兒童的我，很有印象地聽過大人說「Lunxian 那一年……」。

　　「去年」、「今年」、「明年」之類是早已明白的，那麼這個「Lunxian 那一年」是什麼年呢？

　　現已不能確切記起何時明白這個詞語的，「Lunxian」其實是「淪陷」，就是日本侵略軍侵佔我的家鄉湖南省湘鄉縣城。「淪陷那一年」湘鄉民間話語也說作「逃難那一年」，其時父親羽高公遠在江西省贛州軍隊服役，難以想像家中各位長輩的顛沛流離，何況家鄉的情況只是大災難中的一個小鏡頭：中日戰爭日軍侵入中國二十一省，南京、上海、北平、天津、青島五大城市與一千餘縣城淪陷，十九省政府與無數民眾大流亡！

　　然而，那時只是知道「Lunxian」是「淪陷」而已，我在湘鄉縣城讀完小學、中學，並未能從文字或實物或口述瞭解到家鄉究竟怎樣的「淪陷」於侵略軍，而經歷「淪陷」的人卻越來越少了。

　　二戰結束 60 週年，舉世紀念戰勝法西斯，加以幼時的「Lunxian 那一年」，萌發了對抗戰史、二戰史的研究興趣，圖書館、網絡多方搜求、鉤稽，不時弄出一些文章，漸漸地寫成一本《日本帝國陸海軍檔案》（九州出版社 2012 年），是第二次世界大戰日軍的全貌，本書《侵華日本陸海軍全檔》則是侵華日軍

的完整記錄與數據整理，以盡可能清晰的方式將侵略者示眾！

現在清楚了，早年大人們口中「淪陷那一年」說的是這樣一段史實：

1944 年初，侵華日軍發起「一號作戰」即大陸打通作戰計劃，企圖完全佔據平漢鐵路、粵漢鐵路、湘桂鐵路（柳州至鎮南關段時未完工），與越南境內日本南方軍連成一氣。這年 5 月底，盤踞漢口的日本陸軍第 11 軍司令橫山勇率 8 個師團、2 個獨立混成旅團的兵力從湘鄂邊南下出擊，史稱長衡會戰，會戰第一階段 6 月 18 日日軍主力攻佔長沙。此役日軍第 40 師團（師團長青木成一）擔任西路對中國軍隊的遮斷，第 40 師團自湘鄂邊駐地石首、華容進攻沅江、益陽、寧鄉方向，在湘鄉縣城北第 40 師團下屬步兵第 236 聯隊（聯隊長小柴俊男）擊敗中國守軍新 23 師、湘（鄉）寧（鄉）師管區補充團，6 月 21 日日寇鐵蹄踏入湘鄉縣城，居民大恐，扶老攜幼避逃鄉間。

1944 年 6 月 21 日「淪陷那一年」帶來的痛苦，一直持續到 1945 年 8 月 15 日日本宣布無條件投降。

　　　　　　　　　　　　　黃力民 2022 年 4 月　杭州・古蕩